Agnieszka Sękiewicz-Magoń

ANGIELSKI
TRENING TWÓJ OSOBISTY TRENER JĘZYKOWY!

poziom C1–C2

Preston Publishing

Opracowanie ćwiczeń: Agnieszka Sękiewicz-Magoń

Opracowanie ramek wprowadzających: Urszula Dobrowolska, Agnieszka Sękiewicz-Magoń

Korekta anglistyczna i konsultacje: Andrew Edwins, Joanna Imiela, Dominika Braithewaite, Owen Braithewaite, Magdalena Filak-Radej, Adam Urban

Korekta polonistyczna: Marcin Łągiewka

Ilustracje w ćwiczeniach: Ireneusz Kwiatkowski

Opracowanie graficzne: Kamila Romaniak

Projekt okładki: MARTSON Marta Chmielarz

Ilustracja na okładce: Magdalena Kloska

Skład i łamanie: Milena Lupa

 Preston Publishing

www.prestonpublishing.pl

ISBN: 978-83-67576-01-7

Wydanie I, Warszawa 2023

Preston School & Publishing
ul. Kolejowa 15/17, 01-217 Warszawa
e-mail: biuro@prestonpublishing.pl

Wszelkie prawa zastrzeżone. Rozpowszechnianie i kopiowanie całości lub części niniejszej publikacji jest zabronione bez pisemnej zgody wydawcy. Zabrania się jej publicznego udostępniania w Internecie oraz odsprzedaży.

Autorka oraz wydawnictwo Preston Publishing dołożyli wszelkich starań, by informacje zawarte w tej publikacji zostały przedstawione starannie i rzetelnie. Jeśli zauważysz miejsce wymagające erraty lub zechcesz przekazać nam swoje sugestie dotyczące publikacji, napisz do nas na *biuro@prestonpublishing.pl*.

Copyright © 2023 Preston School & Publishing

Spis treści

Wstęp 5
1. **Review of tenses** | Powtórka czasów 9
2. **Articles – review** | Przedimki – powtórka 15
3. **Countable, uncountable & plural nouns – review** | Rzeczowniki policzalne, niepoliczalne oraz rzeczowniki w liczbie mnogiej – powtórka 20
4. **Verbs followed by gerund or infinitive** | Czasowniki używane z formą *gerund* lub z bezokolicznikiem 26
5. ***To + gerund*** | *To* + forma *gerund* 32
6. **Comparison with *as... as...*** | Porównania przy pomocy konstrukcji *as... as...* 36
7. **Reported speech – review** | Mowa zależna – powtórka 40
8. **Passive voice – personal structure** | Strona bierna – konstrukcja z podmiotem osobowym .. 45
9. **Unreal past – review** | Nierzeczywisty czas przeszły – powtórka 49
10. **Future perfect tenses** | Czasy przyszłe dokonane 55
11. **Participle clauses** | Konstrukcje imiesłowowe 59
12. **Perfect infinitive & perfect gerund** | Bezokolicznik dokonany i dokonana forma *gerund* .. 64
13. **Linking words** | Spójniki 68
14. **Indefinite pronouns – review** | Zaimki nieokreślone – powtórka 73
15. ***So, such, too, enough & word order*** | *So, such, too, enough* a szyk zdania 77
16. ***Happen to & make it*** | Zwroty *happen to* oraz *make it* 81
17. **Irregular verbs** | Czasowniki nieregularne 84
18. **Mixed conditionals** | Mieszane tryby warunkowe 89
19. **The subjunctive** | Tryb łączący 93
20. **Inversion 1** | Inwersja 1 97
21. **Inversion 2** | Inwersja 2 102
22. **Tenses in conditionals** | Czasy w trybach warunkowych 107
23. **Interesting aspects of time clauses** | Interesujące aspekty zdań czasowych 110
24. **Fronting** | Przedni szyk wyrazowy 114
25. **Omission & nominative absolute** | Pomijanie części zdania oraz użycie *nominative absolute* .. 118
26. **Relative pronouns** | Zaimki względne 122
27. **Use of singular & plural verb forms** | Użycie pojedynczych i mnogich form czasowników .. 127
28. **Reading numbers** | Czytanie liczb 131
29. **Grammar structures 1** | Konstrukcje gramatyczne 1 135
30. **Grammar structures 2** | Konstrukcje gramatyczne 2 140
31. **Phrases with and without prepositions** | Zwroty z przyimkami i bez przyimków 144
32. **Prepositions** | Przyimki 149
33. **Expressions** | Wyrażenia 154
34. **Sayings & proverbs** | Powiedzenia oraz przysłowia 158
35. **Informal British English** | Brytyjski język potoczny 163

Review – test yourself! | Powtórzenie wiadomości – sprawdź się! 167
Krzyżówki 173
Klucz 198
Rozwiązania krzyżówek 211

O serii

Cykl **Angielski. Trening** łączy w sobie cechy praktycznego repetytorium gramatycznego i rozrywki umysłowej. Znajdziesz w nim prosto wyłożoną teorię, ciekawe ćwiczenia, testy oraz krzyżówki językowe.

Poszczególne rozdziały są powiązane z zagadnieniami gramatycznymi z serii książek **Angielski w tłumaczeniach. Gramatyka**. Zawarliśmy tutaj zadania, które stanowią doskonałe uzupełnienie dla korzystających z niej osób.

Czy znasz Angielski w tłumaczeniach?

Seria **Angielski w tłumaczeniach. Gramatyka** to praktyczny kurs językowy obejmujący poziomy A1-C2 i zawierający nagrania MP3. Najważniejsze zagadnienia gramatyczne, ułożone według stopnia trudności, są w nim omawiane krok po kroku. Uczysz się ich poprzez tłumaczenie zdań z języka codziennego.

Z pomocą tych książek:
- wzbogacisz swoje wypowiedzi i wyeliminujesz z nich błędy,
- dowiesz się, jak używać poszczególnych struktur gramatycznych,
- poćwiczysz wymowę, a także konstruowanie poprawnych zdań.

TRENING
+
TŁUMACZENIA
=
ŚWIETNA FORMA JĘZYKOWA

Wstęp

Oddajemy w Twoje ręce ostatnią książkę z serii **Angielski. Trening**, która pomoże Ci w **nauce języka angielskiego na poziomie zaawansowanym** (C1-C2). Jeśli udało Ci się już wykonać ćwiczenia z poprzednich części (A1, A2, B1, B2 i B2-C1), z pewnością masz ochotę na więcej! Jeśli natomiast dopiero zaczynasz swą przygodę z naszą serią treningów, zapewniamy, że znajdziesz tu mnóstwo zadań, które zwiększą Twoją językową siłę i gibkość.

Ta książka to idealna propozycja dla każdego, kto chce uczyć się samodzielnie. Stanowi ona świetne uzupełnienie nauki dla tych, którzy przygotowują się do egzaminów na poziomie C1, a wiele zagadnień ćwiczonych w książce jest wymaganych na **maturze na poziomie rozszerzonym**. Można tu znaleźć **typowe zadania egzaminacyjne**, takie jak przekształcanie zdań czy tłumaczenie ich fragmentów, a także ciekawe autorskie rodzaje ćwiczeń, na jakie nie trafisz w żadnym innym repetytorium!

Książka ta, podobnie jak poprzednie części, została pomyślana jako **uzupełnienie naszej serii** *Angielski w tłumaczeniach. Gramatyka*, ale można z nią również śmiało pracować odrębnie. Chociaż rozdziały są ułożone tak jak w szóstym tomie serii gramatycznej, możesz dowolnie wybierać interesujące Cię zagadnienia i wykonywać tylko określone zadania. Nauka w zaproponowanej przez nas kolejności ma jednak przewagę, ponieważ rozdziały w sposób przemyślany przechodzą pomiędzy tematami, w związku z czym te trudniejsze ćwiczone są później.

Aby ułatwić Ci pracę, każdy rozdział rozpoczynamy od **ramki ze skrótowym omówieniem** ćwiczonego zagadnienia. Następną jego część stanowią **ćwiczenia**, które ułożone są od nieco prostszych do tych trochę bardziej wymagających. Poprawność Twoich odpowiedzi możesz sprawdzić w **kluczu**, znajdującym się na końcu książki. Trudniejsze słowa pojawiające się w ćwiczeniach zostały przetłumaczone w **słowniczkach** zamykających każdy rozdział, tak aby nie trzeba było przerywać ćwiczeń zaglądaniem do słownika. Co więcej, pod koniec książki znajdziesz dział z **krzyżówkami**, z pomocą których sprawdzisz, jak dobrze Ci się one utrwaliły. W ten sposób z naszą książką poćwiczysz nie tylko gramatykę, ale też słownictwo!

Jesteśmy pewni, że rozwiązując nasze zadania, poczynisz szybkie postępy w nauce i że przyniesie Ci ona dużo satysfakcji. Pamiętaj, że najważniejsza jest motywacja i systematyczność. Dlatego też postaraj się regularnie wykonywać językowe treningi. Przygotuj więc coś do pisania, zarezerwuj trochę czasu i rozpocznij systematyczną pracę z Twoim osobistym trenerem języka angielskiego!

Autorka i zespół Preston Publishing

Mój plan nauki
Oto moje postępy:

		Do tego chcę wrócić	To już umiem
1.	**Review of tenses** | Powtórka czasów	☐	☐
2.	**Articles – review** | Przedimki – powtórka	☐	☐
3.	**Countable, uncountable & plural nouns – review** | Rzeczowniki policzalne, niepoliczalne oraz rzeczowniki w liczbie mnogiej – powtórka	☐	☐
4.	**Verbs followed by gerund or infinitive** | Czasowniki używane z formą *gerund* lub z bezokolicznikiem	☐	☐
5.	***To* + gerund** | *To* + forma *gerund*	☐	☐
6.	**Comparison with *as... as...*** | Porównania przy pomocy konstrukcji *as... as...*	☐	☐
7.	**Reported speech – review** | Mowa zależna – powtórka	☐	☐
8.	**Passive voice – personal structure** | Strona bierna – konstrukcja z podmiotem osobowym	☐	☐
9.	**Unreal past – review** | Nierzeczywisty czas przeszły – powtórka	☐	☐
10.	**Future perfect tenses** | Czasy przyszłe dokonane	☐	☐
11.	**Participle clauses** | Konstrukcje imiesłowowe	☐	☐
12.	**Perfect infinitive & perfect gerund** | Bezokolicznik dokonany i dokonana forma *gerund*	☐	☐
13.	**Linking words** | Spójniki	☐	☐
14.	**Indefinite pronouns – review** | Zaimki nieokreślone – powtórka	☐	☐
15.	***So*, *such*, *too*, *enough* & word order** | *So*, *such*, *too*, *enough* a szyk zdania	☐	☐
16.	***Happen to* & *make it*** | Zwroty *happen to* oraz *make it*	☐	☐
17.	**Irregular verbs** | Czasowniki nieregularne	☐	☐
18.	**Mixed conditionals** | Mieszane tryby warunkowe	☐	☐

Mój plan nauki
Oto moje postępy:

		Do tego chcę wrócić	To już umiem
19.	**The subjunctive** | Tryb łączący	☐	☐
20.	**Inversion 1** | Inwersja 1	☐	☐
21.	**Inversion 2** | Inwersja 2	☐	☐
22.	**Tenses in conditionals** | Czasy w trybach warunkowych	☐	☐
23.	**Interesting aspects of time clauses** | Interesujące aspekty zdań czasowych	☐	☐
24.	**Fronting** | Przedni szyk wyrazowy	☐	☐
25.	**Omission & nominative absolute** | Pomijanie części zdania oraz użycie *nominative absolute*	☐	☐
26.	**Relative pronouns** | Zaimki względne	☐	☐
27.	**Use of singular & plural verb forms** | Użycie pojedynczych i mnogich form czasowników	☐	☐
28.	**Reading numbers** | Czytanie liczb	☐	☐
29.	**Grammar structures 1** | Konstrukcje gramatyczne 1	☐	☐
30.	**Grammar structures 2** | Konstrukcje gramatyczne 2	☐	☐
31.	**Phrases with and without prepositions** | Zwroty z przyimkami i bez przyimków	☐	☐
32.	**Prepositions** | Przyimki	☐	☐
33.	**Expressions** | Wyrażenia	☐	☐
34.	**Sayings & proverbs** | Powiedzenia oraz przysłowia	☐	☐
35.	**Informal British English** | Brytyjski język potoczny	☐	☐
	Review – test yourself! | Powtórzenie wiadomości – sprawdź się!	☐	☐

Let's start!

Unit 1
Review of tenses

Korzystając z podanych przykładów, przypomnij sobie niektóre zastosowania angielskich czasów.

It <u>rained</u> for four hours. → W tym kontekście po polsku stosuje się czasownik niedokonany (*padało*), co może mylnie sugerować użycie *Past Continuous* (~~It was raining for four hours~~). Należy jednak zdecydować się na *Past Simple*, ponieważ mówimy o **zakończonej czynności przeszłej**.

When I got up, they <u>prepared</u> breakfast. → Użycie czasu *Past Simple* wynika z tego, że obie czynności zdarzyły się w tym samym czasie: śniadanie przygotowano tuż po moim wstaniu.

When I got up, they <u>had prepared</u> breakfast. → Użycie czasu *Past Perfect* wskazuje na to, że gdy wstałam, śniadanie było już gotowe.

When I got up, they <u>had only been preparing</u> breakfast for ten minutes. → Jeśli mówimy o tym, jak **długo trwała czynność** (*for ten minutes*) do określonego momentu w przeszłości, to używamy czasu *Past Perfect Continuous*.

He <u>has never written</u> back to me. → Zastosowanie czasu *Present Perfect* podkreśla fakt, że on do tej pory nie odpisał na żaden z moich listów lub maili.

He <u>never wrote</u> back to me. → Zastosowanie czasu *Past Simple* wskazuje na fakt, że on nie odpisał mi w tej konkretnej sytuacji w przeszłości (być może kiedy indziej tak, ale nie wtedy) lub że mówimy o zmarłej osobie.

In 1939, the Second World War <u>breaks out</u>. → Czas *Present Simple* występuje w tzw. **historycznej teraźniejszości**, używanej w narracjach historycznych, w emocjonalnych opowieściach o przeszłych wydarzeniach (np. *Then, he comes up to me, and tells me to leave the parking space*) oraz w dowcipach. Stosuje się ją również często w relacjach prasowych (np. *Breaking news: crash causes traffic chaos in city centre*), a także w prasowych nagłówkach i recenzjach.

My grandparents <u>bought / used to buy / would buy</u> me presents whenever they visited us. → Czynności często powtarzane w przeszłości lub przeszłe nawyki wyrażamy przy pomocy czasu *Past Simple*, konstrukcji z *used to* lub *would*.

When we were children, my sister <u>was always taking</u> my clothes. • *They <u>are constantly checking up</u> on me.* → Zwyczaje, które nas irytują, wyrażamy za pomocą *Present Continuous* lub *Past Continuous*, często z przysłówkami *always*, *continuously* itp.

Conservationists warn that the sea levels <u>are rising</u> at an alarming pace. → Gdy mowa o stopniowej zmianie, stosuje się *Present* lub *Past Continuous*.

I thought something urgent <u>had come up</u>, and that <u>you would be late</u>. → Pamiętaj o cofaniu czasów w mowie zależnej.

I've <u>been going to tell</u> you for a long time that I'm married. → Zwrot *to be going to do sth* może wystąpić m.in. w czasie typu *perfect*. Wtedy tłumaczymy go jako *nosić* się z zamiarem zrobienia czegoś. Częściej jednak w takim znaczeniu używamy czasowników *to mean* oraz *to plan*.

You won't be using your car today, will you? → Czas *Future Continuous* stosowany jest w zdaniach wyrażających **założenie**, że coś będzie lub nie będzie miało miejsca. Bazując na tym założeniu, formułujemy, a często wyrażamy w domyśle, naszą prośbę.

He is being nosy today. → Z czasownikami takimi jak **to be**, **to like**, **to love** zazwyczaj używamy czasów typu *simple*. Gdy jednak chcemy powiedzieć nie o stałej cesze lub stanie, lecz o czymś chwilowym lub przejściowym, możemy zastosować je w formie *continuous*.

1. Wybierz poprawną opcję.

1) When she lived in London, **she was often visiting / often visited** museums and art galleries.
2) Don't pay attention to his malicious remarks today, he **is being / is** obnoxious because his little project didn't get the boss's stamp of approval.
3) I must admit I thought it **will take / would take** much longer than that.
4) We **have gathered / have been gathering** enough evidence against him in the recent months to put him behind bars.
5) When I arrived, they **had already exchanged / were already exchanging** vows, so unfortunately, I missed that special moment.
6) She's a bag of nerves; she **has awaited / has been awaiting** the verdict with bated breath since the judge received the sealed envelope.
7) He is an astute businessman who **runs / was running** three burgeoning businesses.
8) When I lived there, I **often used / would often** lie in a hammock in the garden, relaxing and daydreaming.
9) Mind your step or one day you **will stumble / are going to stumble** against the kerb.
10) They **were driving / had been driving** for four hours by the time they decided to stop for a rest.

2. Wybierz stwierdzenie, które trafnie odnosi się do podanego zdania.

1) When I came, they ate dinner.
   a) Dinner was over when I arrived.
   b) They started eating dinner after my arrival.
2) Will you be going to the shop later?
   a) I'm asking a polite question because I probably need a favour.
   b) I'm asking about an activity in progress in the future.

3) He is always looking for a hidden agenda in whatever I say!
   a) I'm talking about his routine.
   b) I'm talking about his annoying habit.
4) She's worked for that company for ten years.
   a) She has changed her workplace.
   b) She is probably still in the same workplace.
5) Don't mind him, he is being a teacher.
   a) He's behaving like a teacher.
   b) I don't like his profession.
6) Mortgage rates are increasing.
   a) This is a plan for the future.
   b) This is gradual development.
7) President's daughter passes exam with flying colours.
   a) It's a headline about a past event.
   b) It's a headline about a timetable.
8) He was going to hug her, but she recoiled as he approached, so he let it go.
   a) We are talking about past intentions.
   b) We are talking about past predictions.
9) She sent me an invitation once she'd settled in.
   a) The two activities happened at the same time.
   b) One activity happened before the other one.

3. Uzupełnij zdania odpowiednimi formami czasowników oraz innymi słowami z nawiasów.

Here is an amusing story from my teenage years. 1) _____ (you / ever / meet) your doppelgänger? I have, and to make matters even more bizarre, I 2) _____ (attend) the same class in high school as her! There 3) _____ (be) such an uncanny resemblance between us that a lot of people 4) _____ (find) it hard to believe that we 5) _____ (not / be) related or 6) _____ (never / meet) before. One of those people was Mark, our classmate. The entire freshman year he 7) _____ (pester) us with questions and always 8) _____ (suspect) that we 9) _____ (hide) the truth from him. At some point, we 10) _____ (have) enough of it so we 11) _____ (invent) a story that we hoped 12) _____ (satisfy) his curiosity. We told him "in strict confidence" that we 13) _____ (be) in fact sisters who 14) _____ (get) separated at birth and then 15) _____ (*be*) adopted by two different families, which was the reason why we 16) _____ (*not / share*) the same surname. We couldn't believe that he 17) _____ (*buy*) the story! He 18) _____ (*swear*) he 19) _____ (*not / tell*) anybody about our "secret", and finally stopped asking questions. The funny thing is that so far he 20) _____ (*never / doubt*) the truthfulness of our words, even when at graduation we 21) _____ (*try*) to come clean about the blatant falsehood we 22) _____ (*create*). I'm afraid he 23) _____ (*think*) of us as secret siblings until the day he 24) _____ (*die*)!

4. Uzupełnij każde ze zdań pasującym słowem.

1) When he was a kid, he never _____ to rush home after playing outside.
2) This is the first time I have _____ on holiday without my family.
3) She is an avid fashion aficionada who _____ part in countless runway shows.
4) They _____ been arguing for fifteen minutes before he left, slamming the door.
5) She promised she _____ vouch for him, and assured him he was a strong candidate for the job.
6) He is _____ really adamant about his decisions today, usually he isn't.
7) It's too late to change your mind, I have _____ sold the house and prepared everything for our round-the-world trip.
8) At the moment, the suspect is _____ interrogated regarding his whereabouts at the time of the crime.
9) The meeting is at 2 p.m., as usual, and we _____ be talking about our recent successes.
10) They were _____ to remodel their house last year, but had run out of money.

5. Przetłumacz fragmenty zdań podane w nawiasach na język angielski.

1) In the dim and distant past, he _____ (*pracował jako mleczarz*), but eventually fulfilled his boyhood ambition to get a university degree.
2) You will learn all the details _____ (*kiedy przyjdzie na to czas*).
3) When he was younger, he _____ (*zawsze używał*) bookish vocabulary that I didn't understand and it drove me nuts!
4) How _____ (*zamierzasz odzyskać pieniądze*) now he's disappeared?

5) I _____ (zawsze lubiłem muzykę rockową), and I still go to concerts whenever I can.

6) By the time emergency services came, _____ (strumyk zamienił się w) a torrent.

7) Don't call him after 11 p.m. because he _____ (będzie już wtedy spał).

8) I managed to make some important phone calls _____ (podczas oczekiwania na) my appointment.

9) We expected that they _____ (będą chcieli się wycofać) from the deal, but surprisingly they didn't.

10) How long _____ (grała na pianinie) yesterday before her neighbour came to complain about the noise?

6. Uzupełnij zdania, używając podanych w nawiasach wyrazów w odpowiedniej formie. Jeśli to konieczne, dodaj też inne słowa.

1) I'm sorry, I can't talk now. We _____ (have / meeting / so / call) you later.

2) Yesterday morning, she _____ (do / yoga / while / child / sleep).

3) Who _____ (take / Jim / soccer practice) this afternoon, you or me?

4) Last weekend, he _____ (strike / lightning / while / boat) on the coast of Croatia.

5) She said that she _____ (win / because / she / not / think) about the audience and that it was a total fluke, anyway.

6) Just imagine, this time next week we _____ (swim / crystal clear / waters / Indian Ocean) surrounding the Maldives! How exciting!

7) If I were you, I _____ (try / put on / brave face) for the benefit of your children.

8) He _____ (collect / coins / years), so it's no wonder he's got a bewildering array of sizes, types and forms.

9) Don't fly off the handle and lash out at me again. I _____ (fix / it / no / time) at all, I promise!

10) His wife _____ (nag / he / move / seaside) for two years before he finally bought a villa on the coast last year.

adamant – stanowczy, nieugięty
aficionada – wielbicielka, miłośniczka
astute – bystry
avid – zapalony, gorliwy
bewildering array – oszałamiający wybór, bardzo bogaty asortyment
bizarre – dziwny, osobliwy
blatant falsehood – wierutne kłamstwo
bookish – książkowy
burgeoning – rozwijający się w szybkim tempie
doppelgänger – sobowtór
to exchange vows – złożyć przysięgę małżeńską
fluke – szczęśliwy traf, fart
to give sth a stamp of approval – zaakceptować coś, zaaprobować coś
gradual – stopniowy
to interrogate – przesłuchiwać
in the dim and distant past – w zamierzchłych czasach

kerb – krawężnik
to mind one's step – uważać, jak się idzie, patrzeć pod nogi
to nag – zrzędzić
obnoxious – wstrętny, okropny, nieznośny
to put on a brave face – zrobić dobrą minę do złej gry, zachować zimną krew
to put sb behind bars – wsadzić kogoś za kratki
to recoil – odsunąć się, cofnąć się (ze strachu lub obrzydzenia)
to settle in – zaaklimatyzować się, zadomowić się
to slam the door – trzaskać drzwiami
to stumble – potknąć się
torrent – tu: potok
uncanny resemblance – niesamowite podobieństwo
to vouch for sb – ręczyć za kogoś
with bated breath – z zapartym tchem

 *Rozwiąż krzyżówkę na stronie 174.*

notes

Unit 2
Articles – review

Przypomnij sobie kilka konkretnych kontekstów użycia angielskich przedimków.

→ Gdy mówimy o **obywatelach danego państwa**, używamy *the* przed określeniem narodowości, np. *the French* – Francuzi, *the Poles* – Polacy.

→ Przed nazwami **rzeczy unikalnych** używamy *the*, np. *the moon*, *the world*, *the White House*.

→ Gdy używamy **połączenia przymiotnika z rzeczownikiem** w liczbie pojedynczej, często poprzedzamy je przedimkiem *a* lub *an**. Dzieje się tak nawet w przypadku nazw rzeczy jedynych w swoim rodzaju, które samodzielnie występują zwykle z *the* (np. *the moon* → *a full moon*) lub bez rodzajnika (np. *lunch* → *a quick lunch*). Jeśli jednak mowa o konkretnej rzeczy wspomnianej wcześniej w rozmowie, to stosujemy *the*.

→ Z nazwami **państw** nie używamy przedimków, chyba że zawierają słowa: *United*, *Republic* lub *States* (np. *the United States of America*, *the United Kingdom*, *the Czech Republic*), lub kończą się na s (np. *the Philipines*). Wyjątkiem jest też miasto *the Hague*.

→ **Archipelagi** mają w nazwie przedimek *the*, lecz pojedyncze **wyspy** zwykle go nie mają. Wyjątkiem jest na przykład *the Isle of Man*. Podobnie nazwy **łańcuchów górskich** są poprzedzone przedimkiem *the*, np. *the Alps*, podczas gdy pojedyncze **szczyty górskie** już nie, np. *Mount Everest*. Z nazwami **rzek**, **mórz** i **oceanów** używamy *the*, jednak przed nazwami **jezior** go nie stosujemy, np. *Lake Ontario*.

→ Nazwy **zawodów** z reguły występują z przedimkiem *a* lub *an* (np. *I'm a teacher*), chyba że precyzujemy, o kogo chodzi, wtedy używamy przedimka określonego, np. *She's the teacher of this class*.

→ Z **nazwami powszechnych dolegliwości**, takich jak *a stomach ache*, *a toothache*, *a cold*, używamy *a* lub *an*. Nazw poważnych chorób, takich jak *measles* (odra) czy *chicken pox* (ospa), nie poprzedzamy przedimkiem. *Flu* może występować z *the* lub bez niego, lecz nie używamy przedimka przed jej pełną nazwą, *influenza*.

→ *The* jest częścią nazw niektórych **czasopism**, innych zaś nie, np. *The Times*, *The Guardian*, *The Independent*, ale: *Time*, *Newsweek*, *Men's Health*.

→ Przed nazwami sportów, firm, ulic i pojęciami abstrakcyjnymi zazwyczaj nie używamy przedimków.

---

* Wybór pomiędzy *a* i *an* zależy od wymowy, nie pisowni. Dlatego też poprawne są połączenia: *an MP* (*Member of Parliament*), *a Euro*, *a university*, *an hour*, *an FBI office*.

→ W wyjątkowych sytuacjach przedimek może wystąpić przy imieniu i nazwisku. Na przykład w zdaniu **A Joe Hill** is waiting for you wyróżnione wyrażenie przetłumaczymy jako *jakiś Joe Hill*. Z kolei zdanie *Do you mean* **the**** **Joe Hill** *from NASA?* przetłumaczymy jako *Czy masz na myśli* **tego Joego Hilla** *z NASA?*

→ Zwykle nie poprzedzamy przedimkami nazw dni tygodnia, chyba że mówimy o jakimś nieokreślonym dniu, np. *on* **a Wednesday** (w jakąś środę), lub o konkretnym dniu, np. *It was* **the Wednesday** *before their departure* (To było w tę [konkretną] środę przed ich wyjazdem).

** Ze względu na to, że *the* jest tu akcentowane, wymawiamy je z głoską *i* na końcu: [ðiː].

1. Wybierz poprawną opcję.

1) **The / –** Pyrenees stretch from **a / – / the** Mediterranean Sea in **a / – / the** east to **a / – / the** Bay of Biscay on **a / – / the** Atlantic Ocean in **a / – / the** west.

2) **A / – / The** Hague is often thought to be **a / – / the** court, but in fact it is **a / – / the** city.

3) **A / – / The** job of **a / – / the** hotel concierge may involve giving **– / the** hotel guests advice and **a / – / the** guidance on their choice of **– / the** restaurants to accommodate their preferences regarding **a / an / – / the** early or late dinner.

4) He always buys **a / – / the** broadsheet like **a / – / the** Financial Times or **a / – / the** magazine like **a / – / the** Newsweek to peruse during his commute to work.

5) We shouldn't forget about the fact that **the / –** rich people's help can sometimes have **the / – / a** huge impact on **the / –** lives of **the / –** underprivileged.

6) Most people who get **a / – / the** influenza, more commonly known as **a / the** flu, can treat themselves at home and don't need to see a doctor.

7) It suddenly got colder and **a / – / the** shiver ran through me as **the / –** clouds gathered, obliterating **a / – / the** sun.

8) Smuggling **a / – / the** cat out of **a / – / the** ancient Egypt was punishable by **a / – / the** death.

9) **The / –** men are nearly twice as likely as **the / –** women to die prematurely from **a / – / the** diabetes.

10) It's interesting that **a / – / the** Barbados is completely surrounded by **a / – / the** Atlantic Ocean.

2. Uzupełnij zdania przedimkami *a*, *an* i *the* tam, gdzie jest to konieczne.

1) _____ Lake Baikal in _____ Russia holds 20% of _____ Earth's unfrozen fresh water and is _____ deepest and oldest lake in _____ world.
2) _____ person petting _____ dog experiences _____ drop in blood pressure and so does _____ dog.
3) _____ Great Barrier Reef in _____ Australia is _____ largest living structure on _____ Earth.
4) In _____ past, wearing _____ high-heeled shoes was _____ expression of _____ power and was restricted to _____ male nobility.
5) _____ Walt Disney was _____ high school dropout and was fired by _____ newspaper editor because "he lacked _____ imagination and had no good ideas."
6) _____ official flag of _____ United States was designed by Robert G. Heft in 1958 as his homework while he was _____ junior in _____ high school (he only got _____ B– as _____ grade for it).
7) In _____ mid-2000's, _____ Netherlands became _____ first industrialised country to drop its working hours to below 40 a week.
8) _____ unicorn is _____ national animal of _____ Scotland.
9) _____ blue whale is _____ largest animal that's ever existed. Imagine that its heart can be _____ size of _____ small car!
10) In 2001, there were rumours that St. John Paul II made _____ decent salary, but _____ New York Times dispelled them by quoting _____ Vatican spokesman, Joaquín Navarro-Valls, who said that "_____ Pope does not and has never received _____ salary."

3. Uzupełnij zdania przedimkami *a*, *an* i *the* tam, gdzie to konieczne. Następnie podaj uzasadnienie swoich wyborów.

1) The Bible says that _____ meek shall inherit the earth.
2) A lot of elderly people have _____ arthritis.
3) _____ Bahamas is a Commonwealth realm located in _____ Caribbean, which is made up of hundreds of islands.
4) Abraham Lincoln was _____ licensed bartender and owned his own tavern.
5) In certain professions, wearing _____ uniform is part and parcel of the job.
6) _____ full moon happens once a month when _____ Earth is situated exactly between _____ Sun and _____ Moon.
7) It was on _____ Friday before her wedding day that she learnt that her fiancé had cheated on her.

8) _____ Rio Grande river is actually known as Río Bravo in Mexico, which translates as "furious river".

9) _____ runny or stuffy nose is a common ailment.

10) In 2019, _____ lightsabre fencing was recognised in France as an official competitive sport, in which the fighters use replicas of lightsabres from Star Wars instead of sabres, foils or swords.

4. **Przetłumacz fragmenty podane w nawiasach na język angielski.**

1) During WWII, _____ (*Francuzi, Brytyjczycy i Polacy*) worked closely on deciphering German radio messages, which were encrypted by an extremely sophisticated cipher machine called Enigma.

2) William Shatner, who played Captain Kirk in Star Trek, became _____ (*najstarszą osobą podróżującą w kosmos*) when in 2021 he took part in a suborbital flight at the age of 90.

3) A lot of people wonder if _____ (*jest życie po śmierci*).

4) The sworn witness promised to tell _____ (*prawdę całą prawdę i tylko prawdę*).

5) While you were out, _____ (*jakiś Jason Cane próbował się skontaktować z tobą*).

6) _____ (*muzyka Beethovena*) marked the beginning of the Romantic Period in music.

7) _____ (*mieszkańcy wyspy Man*) are highly superstitious, and meticulously uphold certain traditions and rituals to keep bad omens at bay.

8) For the last two days _____ (*okropnie boli mnie ząb*), so I guess a dentist's appointment is unavoidable.

9) _____ (*młodzi duchem*) are those who do not close themselves off, but are happy to be outside, embracing life and igniting in themselves the feeling of curiosity.

10) _____ (*poeta w wyjątkowy sposób postrzega*) the world, so let's cherish poets!

to accommodate sth – dostosować się do czegoś
ailment – dolegliwość
arthritis – artretyzm, zapalenie stawów
broadsheet – gazeta dużego formatu
commute – dojazd do pracy
concierge – konsjerż
to decipher – odszyfrować, rozszyfrować
to dispel – zdementować (np. o plotkach, pogłoskach)
dropout – osoba, która porzuciła naukę (np. w szkole, na uniwersytecie)
to embrace sth – przyjmować coś z entuzjazmem
encrypted – zaszyfrowany
foil – floret
to ignite – wzniecać, rozpalać
to inherit – dziedziczyć, tu: posiąść

to keep sth at bay – nie dopuszczać czegoś do siebie, zachować dystans wobec czegoś
meek – łagodny, cichy
meticulously – skrupulatnie, drobiazgowo
nobility – arystokracja, szlachta
to obliterate – tu: zasłaniać
part and parcel – nieodłączny element
to peruse – uważnie czytać
prematurely – przedwcześnie
punishable – karalny
realm – królestwo
sabre – szabla
sabre fencing – szermierka
to stretch – rozciągać się
underprivileged – żyjący w złych warunkach / w ubóstwie, pokrzywdzony przez los
to uphold – podtrzymywać

 *Rozwiąż krzyżówkę na stronie 175.*

Unit 3
Countable, uncountable & plural nouns – review

Poniżej przedstawiono wybrane kategorie rzeczowników o nieoczywistych formach liczby mnogiej.

- Nazwy zwierząt o nieregularnej liczbie mnogiej, np. *a mouse* – *mice*, *a goose* – *geese*, *a sheep* – *sheep*, *a deer* – *deer*, *a fish* – *fish*, *a salmon* – *salmon*, *a louse* (wesz) – *lice*, *an ox* (wół) – *oxen*, *a swine* (świnia, wieprz) – *swine*.
- Angielskie zapożyczenia z łaciny i greki, m.in. *crisis* – *crises*, *thesis* – *theses*, *diagnosis* – *diagnoses*, *oasis* – *oases*, *die* – *dice/dies*, *criterion* – *criteria*, *phenomenon* – *phenomena*, *index* – *indices/indexes*, *medium* – *media/mediums*, *bacterium* – *bacteria*, *appendix* – *appendices/appendixes*, *fungus* – *fungi/funguses*, *cactus* – *cacti/cactuses*, *stimulus* – *stimuli*.
- Zapożyczenia z łaciny o dwóch możliwych formach liczby mnogiej w zależności od znaczenia, np. *formula* – *formulas* (ogólnie: formuły) / *formulae* (w matematyce: wzory), *antenna* – *antennas* (anteny) / *antennae* (w biologii: czułki).
- Słowa, których formy liczby mnogiej mają odmienne znaczenie od form podstawowych, m.in. *scale* (skala) – *scales* (waga, łuski), *damage* (zniszczenie) – *damages* (odszkodowanie), *wood* (drewno, lasek) – *woods* (lasy, większy las), *people* (ludzie) – *peoples* (narody, ludy), *custom* (zwyczaj) – *customs* (odprawa celna), *compass* (kompas) – *compasses* (cyrkiel), *force* (siła) – *forces* (siły zbrojne), *manner* (sposób) – *manners* (maniery).

Oto ciekawostki dotyczące policzalności i liczby mnogiej rzeczowników:

→ Nazwy przedmiotów szkolnych i dziedzin nauki, np. *maths*, *statistics*, *politics*, mimo że zakończone na s, są rzeczownikami w liczbie pojedynczej.

→ Niektóre rzeczowniki mają taką samą formę w liczbie pojedynczej i mnogiej, np. *species*, *means*, *aircraft*.

→ Istnieje również grupa rzeczowników, które występują tylko w liczbie mnogiej. Zazwyczaj są to nazwy narzędzi, akcesoriów lub ubrań, np. *scissors*, *tongs*, *pliers*, *tweezers*, *headphones*, *goggles*, *binoculars*, *sunglasses*, *pyjamas*, *trousers*, *shorts*, *pants*, ale również rzeczowniki takie jak *thanks*, *congratulations*, *belongings* czy *outskirts*. Jeśli chcemy powiedzieć o jakiejś liczbie narzędzi, akcesoriów lub części garderoby, używamy zwrotu *a pair of*, np. *I need to buy a pair of silk pyjamas.*

→ Liczbę mnogą rzeczowników złożonych często tworzymy przez dodanie s do ich pierwszego członu, np. *mothers-in-law*, a formę *Saxon genitive* (dopełniacz saksoński) – przez dodanie 's do całego wyrazu, np. *This is my mother-in-law's house*.

→ Aby utworzyć liczbę mnogą od rzeczowników niepoliczalnych takich jak *luggage*, *baggage*, *news*, *advice*, *furniture* czy *clothing*, poprzedzamy je wyrażeniem *a piece of*, np. *a piece of advice*. W przypadku określania ilości cieczy (płynów, napojów), substancji sypkich, metali, materiałów budowlanych itp. dodajemy do rzeczowników jednostkę miary lub nazwę opakowania.

→ Rzeczownik **job** jest policzalny i odnosi się do zatrudnienia czy posady lub zadania. **Work** jest rzeczownikiem niepoliczalnym i określa pracę jako zbiór czynności, które wykonujemy, lub jako miejsce (np. *I'm* **at work** – Jestem w pracy). *A work* jako rzeczownik policzalny znaczy *dzieło*.

→ Rzeczownik **dozen** (tuzin) traktujemy jak liczbę. Nie możemy więc powiedzieć *a dozen of*. Przyimka **of** należy użyć, gdy stosujemy **dozens** w znaczeniu wielkiej, nieokreślonej liczby, np. **dozens of people** (analogicznie do *thousands of stars*, *hundreds of cars*).

→ Słowo **person** może przyjmować dwie formy liczby mnogiej: **people** lub **persons** – osoby (w odniesieniu do osób w gramatyce i w wypowiedziach formalnych).

→ Rzeczowniki takie jak **class**, **party**, **army**, **staff**, **crew**, **team**, **family**, **council** możemy traktować jako:
- słowa w liczbie pojedynczej, gdy odnosimy się do całej grupy, np. *This class is very good at English* (klasa traktowana jako całość);
- słowa w liczbie mnogiej, gdy mowa o każdym członku grupy z osobna, np. *The class are all given another chance* (klasa jako poszczególni uczniowie).

 Uważaj na typowy błąd!

Nie stosuj słowa *a cloth* w znaczeniu *ubranie*, *ciuch*. Ubranie to po angielsku *a piece of clothing*, natomiast *a cloth* to *szmatka* lub *ścierka*.

1. Podaj liczbę mnogą poniższych rzeczowników.

1) a deer – _____
2) a cactus – _____
3) a louse – _____
4) a crisis – _____
5) an ox – _____
6) an editor-in-chief – _____

7) an aircraft – _____
8) a person – _____
9) a salmon – _____
10) a goose – _____
11) a phenomenon – _____
12) a mouse – _____
13) a criterion – _____
14) a parent-in-law – _____
15) a thief – _____
16) an alibi – _____

2. Wybierz poprawną opcję. W dwóch przypadkach obie są właściwe.

1) In order to copy this properly, we can use **compass / compasses** to draw circles and a set square to draw a right angle.
2) He felt some invisible **force / forces** pushing him forward.
3) Let's celebrate the cooperation and friendship of our two **people / peoples**.
4) The cold and unemotional **manner / manners** in which she treated everybody was the reason why she didn't have many allies.
5) Luckily, we had our **compass / compasses** so we didn't get lost in the dense **wood / woods**.
6) I think I'll buy the kitchen **scale / scales** on offer online as it's much cheaper that way.
7) Somehow, she managed to sneak a lardy cake through **custom / customs** for her husband.
8) I hope that after this production his career will really take off, touch **wood / woods**!
9) On a **scale / scales** of 1-10, how do you assess the **damage / damages** done by the hurricane?
10) Mind your **manner / manners**, young man!
11) They had to pay $3000 in **damage / damages** to the victim.
12) The **force / forces** of the enemy should be eliminated immediately.

3. Uzupełnij zdania odpowiednimi formami czasowników z nawiasów.

1) All the advice he has given me _____ (*be*) simply invaluable.
2) People say that politics _____ (*be*) a dirty business, but he truly loves what he does.
3) Over the years, the staff of the company _____ (*diversify*) significantly.
4) This species of wasp _____ (*be*) not known until 1900.

5) The police _____ (look) for a stocky man in his mid-twenties in connection with the mugging last night.
6) Ten minutes _____ (be) not a long time, I can wait, don't worry.
7) Momentous news from the palace _____ (just / come) in.
8) I'm afraid all the data _____ (be) deleted since you hadn't created a backup copy.
9) Diabetes in adolescents _____ (be) quite common nowadays.
10) The team _____ (be) really fit this season, so there shouldn't be any problems with their stamina.
11) Whenever this unusual means of transport _____ (be) spotted in public, people just stop and rubberneck.
12) His works of art _____ (diminish) greatly in value in recent years.

4. Uzupełnij tekst. W każdej luce wpisz jedno słowo.

My brother-in-law, Jim, was once summoned by a court to attend jury service. I have two other 1) _____, but Jim's life is so interesting that I always look forward to meeting him and hearing the stories about his recent adventures. Honestly, it's so much better than watching the 2) _____ on TV, which 3) _____ either too political or plain boring! Anyway, the trial was in a different city and the jury 4) _____ staying in a hotel close to the court building, thanks to which no 5) _____ of transport had to be used to get there. Jim told us about the whole process of selecting jury members. First, they are chosen randomly from lists kept by the government, like voter registrations and driving licenses or ID renewals. Jim says that when a summons like that arrives in your mailbox, you can be sure it is going to be one of the most invigorating experiences of your life! However, you cannot serve on a jury unless you meet certain 6) _____, which are not particularly stringent. For example, you have to be at least 18 years old and mentally competent, be a resident of the judicial district in which you are called to serve, and, naturally, you cannot be a felon. Among those mentioned above, there is one 7) _____ which exempts you from jury service: your employment cannot interfere with serving on a jury. Thus, if you are, for instance, an active-duty member of the armed 8) _____, you will not be called to sit on a jury. Once you get to the pool of potential jurors, you will be subjected to further selection, during which attorneys on both sides pick or dismiss jurors. They don't base their decisions on physical appearance (although I suppose good 9) _____ and professional attire won't hurt), so they will not dismiss you only because you are wearing glasses, but your answers to their questions will be decisive. Jim's 10) _____ for anyone who wants to maximise their chances is to downplay your own biases and try to be impartial. He also recommends limiting the number of political and religious messages you share publicly, in order to appear more nondescript and neutral online, as lawyers will sometimes check your background online to see how your opinions and lifestyle compare to the interests of their client. The fascinating details of the deliberations Jim had with other jurors made the whole experience sound quite alluring, although he did admit that three weeks 11) _____ a bit too long for him. All in all, he says that because each day was different, it didn't feel like 12) _____ at all!

5. W niektórych zdaniach są błędy. Znajdź je, podkreśl i zapisz poprawione fragmenty poniżej.

1) For this old-fashioned pound cake, we will need a dozen of eggs and a pound of each flour, butter and sugar.
   _____

2) This cloth is too tight to wear. I must have gained some weight.
   _____

3) Two thirds of the sum needed for the surgery have already been collected.
   _____

4) I have just been informed that my baggages have finally been found and are already on their way to my home address.
   _____

5) Can you see those dazzling fish darting through the crystal waters of the aquarium?
   _____

6) This pair of binoculars haven't been in use for a while.
   _____

7) The shepherd had 120 sheeps and three trained dogs with him when he finally arrived at the pastures.
   _____

8) Your pyjamas were left in the cabin, I'm afraid.
   _____

9) It doesn't matter that you don't have any experiences in this field, just go ahead and send your application!
   _____

10) It is said that 26 miles were the distance that a courier ran from Marathon to Athens to spread the news of the Greek victory over Persia. That's why marathon runners cover the exact same distance today.
    _____

11) The assertion of the right to coexist peacefully in regions with historical boundaries is very important to the peoples of Europe.

12) Her hair looks as if she has used keratin treatment; they are not frizzy anymore.

ally – sojusznik, sprzymierzeniec
assertion – zapewnienie (o czymś), obstawanie (przy czymś)
to assess – oceniać
attire – strój, ubiór
to be subjected to sth – być poddawanym czemuś
bias – uprzedzenie, stronniczość
boundary – granica
to dart – śmigać
dense – gęsty
to dismiss – odrzucać
to diversify – różnicować, dywersyfikować
to downplay – umniejszać
editor-in-chief – redaktor naczelny
to exempt sb from sth – zwalniać kogoś z czegoś
felon – przestępca, zbrodniarz
frizzy – puszący się (o włosach)
impartial – bezstronny
to interfere – kolidować, zakłócać
invaluable – nieoceniony, bezcenny
invigorating – inspirujący, ożywczy
judicial district – okręg sądowy
lardy – tłusty
lardy cake – ciasto z rodzynkami na bazie smalcu
momentous – doniosły, ważny
mugging – rozbój, bandycki napad
nondescript – nieokreślony, niewyróżniający się, nijaki
renewal – odnowienie
to rubberneck – gapić się
set square – ekierka
to sneak – przemycać (nie narkotyki)
stamina – wytrzymałość
stocky – krępy, przysadzisty
stringent – rygorystyczny, surowy
to summon – tu: wzywać do stawienia się przed sądem
summons – nakaz stawienia się przed sądem
to take off – nabrać rozpędu (np. o karierze), ruszyć z kopyta

 *Rozwiąż krzyżówkę na stronie 176.*

Unit 4
Verbs followed by gerund or infinitive

Oto zestawienie czasowników, które w zależności od użycia formy *infinitive* lub *gerund* mają nieco inne znaczenie:

to stop to do sth – zatrzymać się, żeby coś zrobić	**to stop doing sth** – przestać coś robić
to regret to do sth – robić coś z żalem/przykrością (z czasownikami mówienia)	**to regret doing sth** – żałować, że się coś zrobiło
to like to do sth – lubić coś robić, ponieważ uważa się to za słuszne lub ma się to w zwyczaju	**to like doing sth** – lubić coś robić, ponieważ czerpie się z tego przyjemność
to forget to do sth – zapomnieć coś zrobić	**to forget doing sth** – zapomnieć, że się coś zrobiło
to remember to do sth – pamiętać, żeby coś zrobić	**to remember doing sth** – pamiętać, że się coś zrobiło
to need to do sth – musieć coś zrobić (używane z podmiotem ożywionym)	**to need doing sth** – wymagać zrobienia czegoś (o podmiocie nieożywionym)
to try to do sth – próbować/usiłować coś zrobić	**to try doing sth** – eksperymentować z robieniem czegoś, próbować jakiejś aktywności
to go on to do sth – przejść do robienia czegoś (innego)	**to go on doing sth** – kontynuować robienie czegoś
to mean to do sth – mieć zamiar coś zrobić	**to mean doing sth** – oznaczać zrobienie czegoś
to be sorry to do sth – żałować / odczuwać przykrość, że coś trzeba zrobić	**to be sorry for doing sth** – przepraszać za zrobienie czegoś
to hate to do sth – bardzo nie chcieć czegoś zrobić, z przykrością coś zrobić	**to hate doing sth** – nienawidzić robienia czegoś; bardzo nie chcieć zrobić czegoś, co już się wcześniej kilkukrotnie zrobiło
to see sb do sth* – widzieć, jak ktoś coś zrobił (widzimy całą czynność)	**to see sb doing sth*** – widzieć, jak ktoś coś robi (jest w trakcie robienia czegoś)

* W podobny sposób używamy *gerund* i *infinitive* z czasownikami **to hear, to observe, to notice, to watch**, np. *I observed them arguing; She heard him say these words.*

Istnieje kilka czasowników, które są używane z bezokolicznikiem lub formą *gerund* w zależności od tego, czy występuje po nich osoba, czy nie. Zapamiętaj:

Gdy określamy osobę, stosując dopełnienie bliższe, używamy bezokolicznika	Gdy czasownik nie odnosi się do konkretnej osoby, używamy formy *gerund*
to advise sb to do sth	*to advise doing sth*
to allow sb to do sth	*to allow doing sth*
to permit sb to do sth	*to permit doing sth*
to forbid sb to do sth	*to forbid doing sth*
to require sb to do sth	*to require doing sth*

Warto zapamiętać kilka zasad dotyczących użycia czasownika *to prefer*:
- Gdy chcemy wyrazić preferencje ogólne, możemy to zrobić, używając formy **to prefer to do sth** lub **to prefer doing sth**.
- Gdy mamy na myśli to, że wolimy coś zamiast czegoś innego, używamy formy *gerund* – **to prefer doing sth to doing sth** – lub konstrukcji **to prefer to do sth rather than do sth else**.
- W przypadku preferencji odnoszących się do konkretnej czynności, stosujemy zwrot **would prefer** w połączeniu z formą *infinitive*, np. *I would prefer to rest now*.

1. Wybierz poprawną opcję. W niektórych zdaniach obie są właściwe.

1) I guess the clock needs **winding / to be wound** every other day or so.
2) First, we discussed the expenses, and then we went on **talking / to talk** about new projects.
3) He said that he would prefer not **to merge / merging** the two departments.
4) They allowed me **to use / using** my own template for the design.
5) Stop **to kowtow / kowtowing** to the demands of the public, and start **to create / creating** art dictated by your heart rather than trends.
6) I hate **to disturb / disturbing** you, but you are urgently needed backstage now.
7) I don't know how she interpreted my statement, but I certainly didn't mean **to make / making** her confused.
8) We assumed they were service men when we saw them **tamper / tampering** with the device.
9) The school requires all students **to study / studying** at least one foreign language.
10) I will never forget **to represent / representing** my company at the conference in my first year of working for them.

11) As soon as he finished presenting his report, he tried **to soften / softening** the harshness of his implications.
12) It was scorching hot, and I felt the sweat **trickle / trickling** down my spine.

2. Połącz początki zdań z ich zakończeniami, tak aby utworzyć logiczne całości.

1) His lawyer advised him
2) Accepting this job offer would mean
3) Making permanent changes to the operating system requires
4) I hope you will remember
5) You really have to stop
6) George's parents forbade
7) Although he was obviously in pain, he tried
8) He said he was sorry
9) I heard him

a) to have the car serviced before the trip.
b) yell at his wife, and it was quite unsettling.
c) not to undertake any action that could be interpreted as an act of retaliation.
d) to muster some strength and smile at me.
e) booting up the computer.
f) him to hang out with his troublesome friends.
g) having to commute to work for two hours every day.
h) blaming others for your failures.
i) for having bothered me that late at night.

1. _____ 2. _____ 3. _____ 4. _____ 5. _____ 6. _____ 7. _____ 8. _____ 9. _____

3. Przetłumacz fragmenty podane w nawiasach na język angielski, używając bezokolicznika lub formy *gerund*.

Certain moments in life become memorable not because of their importance, but rather the comicality or freakishness of the circumstances. Here is a story about one such event.

I will always remember 1) _____ (wyprawę nad morze) with my sister, my dad and my aunt. Unfortunately, my mum couldn't join us then, so my dad's sister, who is also my godmother, stepped in and came instead. You see, if she hadn't, it 2) _____ (oznaczałoby, że zmarnują się) the money already paid for a fourth person's stay. I was glad because my plump, benign aunt would 3) _____ (pozwalała nam robić) things that my dad disapproved of, like chewing gum or going to bed late. But that summer I learnt a secret about my aunt that nobody had known about.

The place where we stayed had rooms with bunk beds, which required 4) _____ (żebyśmy podzielili się na pary) of an adult and a child, with the adult sleeping on the top bunk for safety reasons. My aunt shared a bunk bed with me. The very first night, I woke up as I felt I needed 5) _____ (pójść do toalety). Unfortunately, as it was not en suite, I had to go outside. I tried 6) _____ (otworzyć drzwi), but it was too heavy for me. Mind you, I was only six or seven years old then. After several futile efforts, I decided 7) _____ (zbudzić moją ciocię). I was just about to do it, when out of the blue she sat up in her bed and started 8) _____ (machać nogami) above me, which looked kind of funny to me, perking from down below. Then she shifted her weight (about 100 kilos in total) and... suddenly landed on me! It was also the moment when she... woke up. It turned out my aunt was a sleepwalker: she'd sat up and wanted to get up but 9) _____ (zatrzymała się, żeby znaleźć kapcie), then apparently gave up 10) _____ (ich szukać), and proceeded with a huge step forward, ending up falling on me. In the morning, she 11) _____ (nie przypominała sobie, żeby zrobiła) any of those things at all, but was 12) _____ (przepraszała, że mnie posiniaczyła). The fun fact is that she went on 13) _____ (nadal lunatykowała) despite our efforts to stop her, so eventually I was moved to the top bunk, much to my delight!

4. Uzupełnij zdania czasownikami z nawiasów w bezokoliczniku lub formie gerund.

1) I think we should stop _____ (have) a serious heart-to-heart; it's time to explain certain things.
2) She says she will never forget _____ (see) me for the first time.
3) He tried _____ (defend) his actions, but everybody was appalled by what he had done.
4) We regret _____ (inform) you that your application has not been accepted.
5) I know you didn't mean _____ (insult) him, but you made him feel miserable nonetheless, so I think you should apologise to him.
6) The man went on _____ (walk) as if nothing had happened.
7) I forgot _____ (remind) him about the meeting, but luckily, he'd set a reminder on his phone.

8) If you want to lighten your hair in a natural way, try _____ (add) camomile to your rinse.
9) Did you remember _____ (make) a backup copy of your work?
10) I hate _____ (interrupt) you again, but there is a Mr Johnson waiting for you in the hall.
11) We will have to take legal action if you don't stop _____ (harass) your schoolmates.
12) Your plan to jog in the morning means _____ (get up) really early, so I hope you are ready for it.
13) After retiring from his professional tennis career, he went on _____ (become) a pundit on a national sports channel.
14) Your face seems familiar, but I don't remember _____ (meet) you.
15) I will always regret _____ (share) this information with her; now everybody knows about it, although it was supposed to be a secret.
16) I know that there are lots of people who hate _____ (wake up) early in the morning, but I actually like it.

5. Przekształć zdania tak, aby użyć podanych słów i zachować oryginalne znaczenie.

1) He wishes he hadn't relinquished his office so easily. **REGRETS**
   He _____ his office so easily.
2) The arrangement is that you are taking the double room with John. **FOR**
   We _____ the double room with John.
3) The mother ignored her child's meltdown and continued to prepare lunch. **WENT**
   Despite her child's _____ lunch.
4) I don't want to eat out tonight. **PREFER**
   I _____ rather than out tonight.
5) If you decide to take up a martial sport, you have to practise it regularly. **MEANS**
   Taking up a martial sport _____ regularly.
6) We saw the whole process of him creating the tattoo when we visited his studio. **WATCHED**
   We _____ when we visited his studio.
7) According to state law, it's OK to fish here. **ALLOWS**
   The state _____ here.
8) We had to make a short break for a quick lunch, then we continued our journey. **STOP**
   We had to _____, then we continued our journey.
9) I'm sure he didn't remember that he was supposed to reimburse them. **MUST**
   He _____ them.

10) She's not happy when she has to deal with entitled customers. **HATES**
She _____ entitled customers.

appalled – zbulwersowany, przerażony
benign – dobrotliwy, życzliwy, łagodny
to boot up – startować, uruchamiać (np. komputer)
to bruise – posiniaczyć
camomile – rumianek
en suite – z przyległą łazienką
entitled – przekonany o swojej wyższości, uprzywilejowany
freakishness – dziwaczność
to harass – dręczyć, nękać
harshness – ostrość, surowość
heart-to-heart – rozmowa od serca
implication – implikacja, sugestia
to kowtow – płaszczyć się przed kimś
meltdown – wściekłość, atak szału
to merge – łączyć, scalać
to muster – zebrać, wykrzesać
to perk – zadzierać głowę
pundit – ekspert
to reimburse – pokrywać koszty, zwracać pieniądze
to relinquish – odstępować, zrzekać się, oddawać
retaliation – odwet, zemsta
rinse – płukanie, płukanka
scorching hot – skwarny, upalny
to shift one's weight – przenosić ciężar ciała
sleepwalker – lunatyk
to step in – wkraczać, wybawiać z tarapatów
to tamper with sth – majstrować przy czymś
to trickle – ściekać, kapać
unsettling – niepokojący
to wind – nakręcać (o zegarze)

 *Rozwiąż krzyżówkę na stronie 177.*

Unit 5
To + gerund

Oto czasowniki i zwroty, z którymi używamy połączenia przyimka **to** z formą *gerund*:

in addition to doing sth	oprócz robienia czegoś
the key to doing sth	klucz do zrobienia czegoś
to adjust to doing sth	dostosować się do robienia czegoś
to admit to doing sth*	przyznać się do zrobienia czegoś
to be addicted to doing sth	być uzależnionym od robienia czegoś
to be close/closer to doing sth	być bliskim/bliższym zrobienia czegoś
to be dedicated/devoted to doing sth	poświęcać się robieniu czegoś
to be given to doing sth	mieć tendencję do robienia czegoś
to be open to doing sth	być otwartym na zrobienie czegoś
to be opposed to doing sth	być przeciwnym robieniu czegoś
to be similar to doing sth	być podobnym do robienia czegoś
to be used to doing sth	być przyzwyczajonym do robienia czegoś
to confess to doing sth	przyznać się do zrobienia czegoś
to devote/dedicate time to doing sth	poświęcać czas na robienie czegoś
to feel up to doing sth	czuć się na siłach, by coś zrobić
to get around to doing sth	w końcu zabrać się do robienia czegoś
to get used to doing sth	przyzwyczaić się do robienia czegoś
to look forward to doing sth	niecierpliwie oczekiwać zrobienia czegoś
to object to doing sth	sprzeciwiać się robieniu czegoś
to own up to doing sth	przyznać się do zrobienia czegoś
to pay attention to doing sth	zwracać uwagę na robienie czegoś
to resort to doing sth	uciec się do zrobienia czegoś
to stick to doing sth	trzymać się robienia czegoś
to work oneself up to doing sth	odważyć się na zrobienie czegoś
with a view to doing sth	z zamiarem zrobienia czegoś

* Czasownik *to admit* może być stosowany bez przyimka *to*, np. *They find it hard to admit making mistakes.*

1. Uzupełnij zdania słowami i zwrotami z ramki w odpowiedniej formie.

> be addicted • be dedicated • not be opposed • be used • in addition •
> look forward • own up • resort • stick • the key

1) We are really _____ to having you as our guests again.
2) Finding balance between work and life is _____ to being happy.
3) It would have been easier if he _____ to defrauding the funds, but he kept denying any wrongdoing.
4) At first, she lagged behind because she _____ to working so fast, but soon she found her flow and caught up.
5) I have to admit that all this time the police _____ to solving my case and finding the people responsible for my ordeal.
6) He offered to give them a private tour of his collection _____ to providing abundant materials for the exhibition.
7) I think you should _____ to watching films instead of making them.
8) She _____ to putting her career on hold for a year or two, but stressed that in the long run marriage should be based on partnership.
9) In a desperate effort to quench his raging thirst he _____ to collecting dew water from the surroundings.
10) It's not easy to kick a bad habit when you _____ to doing a certain thing, and just can't seem to stop.

2. Przetłumacz fragmenty podane w nawiasach na język angielski. Wykorzystaj przy tym słowa podane obok wybranych przykładów.

1) He made notes of phrases and expressions we used in our conversations _____ _____ (z zamiarem wykorzystania ich) in his prose.
2) Try to _____ (zwracać większą uwagę na to, aby dostosować) your language and its tone to the type of customer. **TO**
3) It took him a while _____ (aby przyzwyczaić się do bycia) in the limelight.
4) She confessed that writing her latest novel _____ (było podobne do pracy) in a mine every day.
5) I found it hard _____ (żeby przyznać się do bycia zazdrosną) of her mental dexterity and flexibility of thought. **ADMIT**
6) Several times I _____ (byłem bliski odkrycia kłamstw rządu), but there was always something or somebody that would foil my attempts.

7) He _____ (ma tendencję do wyolbrzymiania) his achievements, so take everything he says with a pinch of salt. IS

8) My neighbour _____ (poświęca się ratowaniu) feral and stray cats; it's her life mission.

9) There has been rumour for some time that the police _____ _____ (uciekała się do torturowania podejrzanych) to extract information from them while they were in custody. TO

10) Initially, I had tremendous trouble _____ (żeby się przystosować do oddychania) such thin air, but after a while my body learnt to do it.

3. Uzupełnij każde ze zdań jednym brakującym słowem.

1) Eventually, he lacked the courage to _____ up to scratching her car, and so he never admitted it was his fault.

2) In hindsight, I guess it was my being _____ to listening to my staff's ideas that helped our company overcome the crisis.

3) The teacher told me I should have _____ more attention to making the events in my story more plausible and less dramatic.

4) Since nobody _____ to staying a bit longer, the professor decided to overrun his lecture.

5) It's high time you _____ round to writing that report.

6) I don't know if I will ever be able to _____ myself up to asking the boss for a pay rise.

7) As a representative of our party, I can say that we are absolutely _____ to introducing a policy of leniency and turning a blind eye to corruption.

8) Few people know that in _____ to running his own company, he also regularly volunteers at a local shelter.

4. Uzupełnij każde ze zdań jednym połączeniem typu *verb + to + gerund*, utworzonym przez połączenie elementów z ramek A i B. Formę czasowników z ramki B należy dostosować.

A	closer • felt up to • used • forward • key • addicted • view • devoted
B	do • not use • track down • meet • solve • find out • watch • improve

1) The left side of her face was permanently disfigured after the accident, and it was years before she _____ other people.

2) When you are _____ some Netflix series, you don't care that it's time-consuming or that it's already late – you just have to see all the episodes!

3) We look _____ business with you.

4) They have rearranged the workplace and made some other major changes with a _____ relationships within the company.

5) She _____ her private time _____ the hacker.

6) I'm afraid we are no _____ the truth than we were at the beginning of this investigation.

7) Have you already got _____ your maiden name in official documents?

8) The _____ global environmental problems lies in the hands of the governments of world powers.

abc

abundant – liczny, obszerny
to be in custody – przebywać w areszcie
to be in the limelight – być w centrum uwagi
to catch up – nadgonić zaległości, nadrobić stratę
to defraud – sprzeniewierzać (o środkach, pieniądzach), defraudować
dew – rosa
dexterity – zręczność, sprawność
disfigured – zniekształcony
feral – zdziczały
to foil – udaremnić
in hindsight – z perspektywy czasu
to kick a habit – zerwać z nawykiem

to lag behind – pozostawać w tyle, odstawać
leniency – pobłażliwość
maiden name – panieńskie nazwisko
ordeal – męka, gehenna
to overrun – tu: przedłużyć, przeciągnąć
plausible – prawdopodobny, przekonujący
to put sth on hold – wstrzymać coś
to quench one's thirst – ugasić pragnienie
raging thirst – palące pragnienie
stray – bezpański
to take sth with a pinch of salt – przyjąć coś z rezerwą, traktować coś z przymrużeniem oka
to turn a blind eye to sth – przymknąć na coś oko

Zapoznaj się ze słówkami z następnego rozdziału i rozwiąż krzyżówkę na stronie 178.

notes
_____
_____
_____

Unit 6
Comparison with *as... as...*

Konstrukcji ***as*...** ***as*...** można używać na kilka sposobów:

- z przymiotnikami lub przysłówkami w stopniu równym, np. *as big as* – tak duży jak, *as slowly as* – tak wolno jak;
- z rzeczownikami policzalnymi, np. *as many books as* – tak wiele książek jak;
- z rzeczownikami niepoliczalnymi, np. *as much money as* – tak dużo pieniędzy jak;
- w porównaniach z liczebnikami, by odnieść się do liczby lub ilości, np. *There were as few as 50 people at the concert* – Na koncercie było jedynie 50 osób.
- w zdaniach złożonych, by odnieść się do intensywności wykonywania danej czynności, np. *He practises as hard as I do* – On ćwiczy tak dużo jak ja.

W ramach omawianej konstrukcji, w zdaniach z przeczeniami zamiast pierwszego *as* możemy też używać ***so***, np. *He is not as/so quick as I am*.

Warto wiedzieć, że w porównywaniach pokazujących dużą różnicę często stosowane są połączenia *nothing like as... as...*, *nowhere near as... as...* oraz *not nearly as... as...* (nawet w połowie tak... jak...), np. *This is nothing like / nowhere near as expensive as I expected; The reception wasn't nearly as warm as we had hoped*.

 Uważaj na typowy błąd!

Dobrze: *You have twice as **much** time **as** he does.*
Źle: ~~*You have twice as much time **than** he.*~~

Jeśli pomiędzy dwa słowa ***as*** wstawiamy rzeczownik, to często rozpoczynamy zdanie od *it's* lub *they are*. Wówczas, jeśli zastosowany rzeczownik jest policzalny, pojawia się przed nim przedimek nieokreślony (*a/an*). Porównaj: *This restaurant is as expensive as I thought* → *It's **as expensive a restaurant as** I thought*.

As*... *as*...** używamy też w porównaniach typu **half / twice / three times / ... + as + przymiotnik + as**. Podobne porównania można też wyrazić, korzystając z konstrukcji ze słowem *than*, czyli ***x times* + przymiotnik w stopniu wyższym + *than, np. *His house is twice as big as ours* = *His house is two times bigger than ours*.

 Uważaj na typowy błąd!

Dobrze: *His house is **two times bigger than** ours / His house is **twice as big as** ours.*
Źle: ~~*His house is **twice bigger than** ours.*~~

As... as... używamy też w zwrotach takich jak:

as far as I know	o ile wiem
as far as I can see	z tego, co widzę
as far as we can / as far as possible	w miarę możliwości
as far as I'm concerned	jeżeli o mnie chodzi

1. Wybierz poprawną opcję. W jednym zdaniu obie są właściwe.

1) She brought **twice as many / two times more** meals than I'd asked for.
2) The performance was **as brilliant / more brilliant** as I'd imagined.
3) He isn't **as spoilt / that spoilt** as they say.
4) Their gesture was **more magnanimous / as magnanimous** than we'd expected.
5) There were **only few / as few** as ten parishioners in the church.
6) These substances were not **as noxious / so noxious** as the ones used previously.
7) It isn't **as cool a place / as a cool place** as I thought.
8) We wanted to be **so close to the stage / as close to the stage** as possible.
9) He knows **as much as we do / that much as we do** about the case.
10) These two figures are **two times bigger / twice as big** than the others.
11) It wasn't **such big pay rise / as big a pay rise** as she'd hoped for.
12) I tried to move **as slowly as / the slowest as** I could.
13) You had half as many resources **as he did / than he did**.
14) His parents tried to give him **as much freedom / so much freedom** as they could.
15) We didn't enjoy **such a good weather / as good weather** as they did.

2. W niektórych zdaniach są błędy. Znajdź je, podkreśl i zapisz poprawione fragmenty poniżej.

1) The bill we got was twice as bigger as the one we paid last time.

2) This is not as significant transgression as the committee suggests.

3) His recent instructions weren't so coherent as they usually are, so we had to ask him for clarification.

4) I don't think their new music is as good than their debut album.

5) He was nothing as haughty and impolite as his companion.
___

6) As far as I'm concerned, the plan seems to be perfectly viable.
___

7) I admit we didn't have as good a time at her party last night as we did at your wedding reception.
___

8) We hold as many conferences and professional events as they.
___

9) Try to give him as least data as possible.
___

10) This is not as comfortable an accommodation as I imagined it to be.
___

3. Przekształć poniższe zdania tak, aby użyć porównania z *as*.

1) I remembered the town to be livelier than it is now.
   It isn't _____ I remembered.
2) This equation is more difficult than the ones we practised with the teacher.
   It's not _____ the ones we practised with the teacher.
3) I had hoped the advice she gave me would be more useful.
   It wasn't _____ I had hoped.
4) He gave one of the most nebulous explanations you could imagine!
   It was _____ you could imagine.
5) She turned out to be a really zealous participant, just like I thought.
   She turned out to be just _____ I thought.
6) She seems to be a cold and aloof woman, but in fact she isn't like that at all.
   She isn't _____ she seems.
7) They wanted to taste the most extravagant dish in the restaurant.
   They wanted to taste _____ possible.
8) He used to be a more industrious student than he is now.
   He isn't _____ he used to be.
9) She tried to make the sincerest apology she could.
   She tried to make _____ she could.

4. Uzupełnij zdania, używając konstrukcji *as... as...* oraz słów z nawiasów w odpowiednich formach. Dodaj inne wyrazy, jeśli to konieczne.

1) He boasts that he earns _____ (*three times / much / wife*).
2) _____ (*far / I / know*), they managed to escape the building unscathed.
3) When I looked back at the square, _____ (*be / many / two thousand / protester*) crowding in front of the City Hall.
4) Seeing me, she assumed _____ (*indifferent / attitude / she / can*), but I knew she was being eaten up by curiosity.
5) Your senses may be impaired by this substance _____ (*much / by / other chemical compound*), so be super cautious while handling it.
6) It turned out to be not _____ (*easy / operation / doctors / estimate*).
7) He wanted me to buy him _____ (*big / ice cream / mine*), and so I did.
8) Even though she had _____ (*little / water / one litre*), she shared it with me.
9) If the coach had let me take part in the race, I _____ _____ (*run / twice / fast / John*).
10) The exam _____ (*not / be / hard / I / think*).

---

abc

aloof – powściągliwy, z dystansem
to be eaten up by curiosity – być zżeranym przez ciekawość
chemical compound – związek chemiczny
city hall – ratusz
coherent – zrozumiały, logiczny, spójny
equation – równanie
haughty – wyniosły, butny
to impair sth – zaszkodzić czemuś, wpłynąć negatywnie na coś (np. zdrowie)
industrious – pracowity, pilny
magnanimous – wielkoduszny, wspaniałomyślny
nebulous – mglisty, niejasny
noxious – trujący, szkodliwy
parishioner – parafianin
sincere – szczery, prawdziwy
transgression – wykroczenie, przekroczenie granic
unscathed – bez uszczerbku, nietknięty
viable – wykonalny, realny
zealous – gorliwy, pełen zapału

Rozwiąż krzyżówkę na stronie 178.

Unit 7
Reported speech – review

Przypomnij sobie informacje na temat mowy zależnej (*reported speech*), zawarte w rozdziałach 8, 9 i 10 czwartej części serii (s. 44, 45, 51 i 55) oraz w rozdziale 18 części piątej (s. 97 i 98).

Pamiętaj, że przytaczając pytania, należy stosować cofnięcie czasów, a także szyk zdania oznajmującego, np. *What have you done with my keys?* → *She asked me what I had done with her keys.*

Gdy przytaczamy wypowiedzi, niejednokrotnie możemy używać czasowników, które łączą się z formami *gerund* lub *infinitive*, unikając tym samym konstruowania zdania podrzędnego w mowie zależnej, np. *He begged me **(not) to do** it*; *He suggested **doing** it*. Część z tych czasowników może wprowadzać różne konstrukcje gramatyczne. Przeanalizuj następujący przykład, aby przekonać się, jakie konstrukcje mogą pojawić się po czasowniku *to suggest*: *She suggested **doing** it / **that** he **should** do it / **that** he **do** it / **that** he **did** it.*

Przy przytaczaniu czyjejś wypowiedzi możemy zastosować zwroty takie jak: *to give a guarantee, to make a suggestion, to raise a question, to issue a warning, to make a promise*. Zauważ, że zastępują one czasowniki relacjonujące, odpowiednio: *to guarantee, to suggest, to ask, to warn, to promise*.

W wypowiedziach formalnych możemy dodawać **as to** przed zaimkami względnymi wprowadzającymi przytaczane zdanie, np. *We haven't made a decision yet **as to what** they should do*; *They gave us guidelines **as to which** equipment to use.*

1. Wybierz wszystkie poprawne opcje.

1) He **apologised for / suggested / complained about** not being able to grant the customer's request.
2) She begged him **that he didn't bring / not to bring / for not bringing** an action against her.
3) They have just announced that the match **had been / has been / was** cancelled.
4) I propose **reducing / to reduce / that we should reduce** our business costs by holding meetings virtually.
5) He recommended **divulging / that I divulge / me to divulge** any previous involvement in legal matters.
6) They assured us that our case **will be given / would be given / can be given** a priority status.

7) I **refused / denied / disagreed** to reveal my sources of information.
8) They suggested **making / that he should make / he make** a little contribution to their campaign.
9) He always says that he generally **prefers / preferred / had preferred** to listen rather than speak.
10) She **insisted / demanded / advised** that I should wait until the negotiations were over before I dropped that bombshell.

2. Zrelacjonuj to, co powiedział Ci John, używając mowy zależnej i czasowników z ramki. Dwa z nich nie będą Ci potrzebne.

accuse • admit • agree • explain • insist • offer • promise • warn

1. Ok, I will tell you my stance on the situation.

2. Don't expect me to be a miracle worker, though.

3. You see, your problem lies with your competition.

4. I'm convinced it was them who stole your designs.

5. I can help you prove your rivals' involvement.

6. However, you really must get a grip first.

1) _____
2) _____
3) _____

4) _____

5) _____

6) _____

3. **Przetłumacz fragmenty zdań podane w nawiasach na język angielski.**

1) They _____ (*przekonali ją, żeby wycofała*) the charges.

2) He _____ (*chciał wiedzieć, czy przyjmę*) his offer or not.

3) The state meteorological centre _____ (*wydało ostrzeżenie, aby nie wypływać*) to sea during the weekend due to expected gales.

4) My dietician _____ (*kazał mi pozbyć się*) any products that could tempt me to start eating unhealthily again.

5) _____ (*zaproponowałem, żeby podzieliła się*) her observations with us first.

6) After the news of alleged money laundering broke out, the boss _____ _____ (*zabronił nam rozmawiać z prasą*).

7) When they learnt how big my group of supporters had grown, they asked _____ _____ (*dlaczego nie kanduduję na stanowisko burmistrza*).

8) She _____ (*zażądała, żeby jej pokazano dowody*) of his illicit activity.

9) He _____ (*ostrzegł mnie przed podejmowaniem*) precipitate decisions, adding that they would have a huge impact on my career.

10) They finally _____ (*przyznali się, że mnie śledzili*) and bugging my phone.

4. **Uzupełnij zdania, używając wyrazów podanych w nawiasach w odpowiedniej formie. Jeśli to konieczne, dodaj inne słowa.**

1) She enquired _____ (*as / I / need / assistance*) with that endeavour or not.

2) I tried to explain everything in simple words, but he _____ _____ (*show / interest / understand*) how the process worked.

3) I'm sure it taught him a lesson as he swore _____ (*never / lie / me*) again.

4) They seemed to be very content with our company and thanked _____ _____ (we / profusely / take / time / show) them around the city.

5) She burst into tears and begged _____ (he / reconsider / decision) to lay her off.

6) We were on a tight budget, so I seriously considered _____ _____ (take up / temporary / job) in order to earn some extra money for the final part of our voyage.

7) During the stay at the paradise resort their teenage daughter constantly complained _____ (not / have / access / Internet) and boredom.

8) He confirmed _____ (they / publish / new regulations) the following week so that they could come into effect that month.

5. Przekształć zdania w mowie niezależnej na zdania w mowie zależnej, używając podanych słów.

1) "The device will work without fault for at least five years," they said. **GUARANTEE**

2) "You fiddled with my console and now it's broken!" he shouted at me. **OF**

3) "We are going to introduce a totally new line of products next month," they said. **ANNOUNCED**

4) "I think it would be a good idea to read up on the subject before the discussion starts," she told me. **ADVISED**

5) "Will he ever be able to swallow his pride and admit that he was wrong?" she asked herself. **WONDERED**

6) "I'm sorry that I undermined your authority during the meeting," he told me. **HAVING**

7) "I will always have your back, man, no matter what," he told me. **PROMISE**

8) "Just don't forget about extra batteries for the flashlight," she told him. **TAKE**

9) "Yes, it was me who called the cops," he told them. **ADMITTED**

10) "How did you manage to convince them that you are irreplaceable?" I asked him. **WANTED**

alleged – rzekomy, domniemany
to be content – być zadowolonym
to bring an action against sb – wnieść oskarżenie przeciwko komuś
to bug – założyć podsłuch, zainstalować pluskwę
charges – zarzuty
to come into effect – wchodzić w życie (np. o przepisach)
contribution – datek, wkład, udział
to divulge – ujawnić
to drop a bombshell – podzielić się sensacyjnymi wiadomościami
endeavour – przedsięwzięcie
to fiddle with sth – majstrować przy czymś, bawić się czymś
gale – wichura, wicher
to get a grip – wziąć się w garść
to grant sb's request – spełnić czyjąś prośbę
to have sb's back – wspierać kogoś, stać za kimś murem
illicit – niedozwolony, zakazany
irreplaceable – niezastąpiony
to lay sb off – zwolnić kogoś z pracy z powodu redukcji etatów
miracle worker – cudotwórca
money laundering – pranie brudnych pieniędzy
precipitate – pochopny, nieprzemyślany
profusely – wylewnie, gorąco (np. dziękować)
to read up on sth – zaznajomić się z czymś, poczytać o czymś sporo
stance – stanowisko (w jakiejś kwestii)
to swallow one's pride – chować dumę do kieszeni
to tempt – kusić
to undermine sb's authority – podważać czyjś autorytet

Zapoznaj się ze słówkami z następnego rozdziału i rozwiąż krzyżówkę na stronie 179.

notes

Unit 8
Passive voice – personal structure

Powszechną opinię lub **przypuszczenie** na jakiś temat można wyrażać za pomocą zwrotów w stronie biernej, takich jak:

sb/sth is said to...	mówi się, że ktoś/coś...
sb/sth is known to...	wiadomo, że ktoś/coś...
sb/sth is believed to...	sądzi/wierzy/uważa się, że ktoś/coś...
sb/sth is thought/considered to...	sądzi/uważa się, że ktoś/coś...
sb/sth is assumed to...	zakłada się, że ktoś/coś...
sb/sth is claimed to...	twierdzi się, że ktoś/coś...
sb/sth is expected to...	oczekuje się, że ktoś/coś...
sb/sth is supposed to...	przypuszcza się, że ktoś/coś...
sb/sth is alleged to...	podobno/rzekomo ktoś/coś...
sb/sth is rumoured to...	plotkuje się, że ktoś/coś...
sb/sth is suspected to...	podejrzewa się, że ktoś/coś...

Możliwe warianty konstrukcji zdań:

→ Jeśli zarówno opinia, jak i wprowadzające ją słowo dotyczą tego samego okresu, to w drugiej części zdania stosujemy bezokolicznik w aspekcie *simple*. Porównaj:

  *He **is said to be** rich.* – Mówi się o nim, że jest bogaty (jest taki w czasie, gdy krąży ta opinia).

  *Recently he **has been said to be** rich.* – Ostatnio mówi się o nim, że jest bogaty.

  *He **was said to be** rich.* – Mówiło się o nim, że jest bogaty (był taki w czasie, gdy krążyła ta opinia).

→ Jeśli krążąca obecnie opinia o podmiocie dotyczy jego **przeszłości**, to w drugiej części zdania należy użyć bezokolicznika w aspekcie *perfect* (czyli **to have** z **trzecią formą czasownika**). Stosujemy go również w sytuacji, gdy plotka krążyła **w przeszłości**, ale dotyczyła jeszcze wcześniejszego okresu lub momentu. Porównaj:

  *He is said **to have been** rich.* – Mówi się o nim (**teraz**), że (**kiedyś**) był bogaty.

  *He was said **to have been** rich.* – Mówiło się o nim (**kiedyś**), że (**wcześniej**) był bogaty.

→ Jeśli coś trwa w danym momencie lub wydarzy się w bardzo bliskiej przyszłości, można zastosować bezokolicznik w aspekcie *continuous* (**to be doing sth**), np. *They are said **to be coming** here tomorrow* – Mówi się, że przyjadą jutro. W przypadku informacji, które dotyczą przeszłości, można z kolei zastosować bezokolicznik w aspekcie *perfect continuous* (**to have been doing sth**), np. *He is said* **to have been running** *when they saw him* – Mówi się, że biegł, gdy go zobaczyli.

Powszechną opinię można również wyrazić przy użyciu bezosobowego podmiotu *it* oraz zdania podrzędnego wprowadzonego przez *that*, np. *It is said that he is rich*; *It is believed that they defrauded the money*. Zdania tego typu mają takie samo znaczenie niezależnie od tego, czy ich podmiotem jest osoba, czy tzw. *preparatory it*.

Pamiętaj również o innych ważnych konstrukcjach: *sb was seen to do sth / doing sth* (kogoś widziano, jak coś zrobił/robił) oraz *sb is made to do sth* (ktoś jest zmuszony, by coś zrobić), które w stronie biernej używają bezokolicznika z *to*, np. *He was seen to leave the room*, *I was made to drink it*.

1. Przekształć zdania tak, aby zachować ich oryginalne znaczenie.

1) It is claimed that the evidence was fabricated by the police.
   The evidence _____ by the police.
2) It is expected that the minister will step down as of today.
   The minister _____ as of today.
3) It is said that the advertisement is tantalising people with dreams of big wins.
   The advertisement _____ with dreams of big wins.
4) It has been reported that seven people are still unaccounted for as a result of the flooding.
   Seven people _____ as a result of the flooding.
5) It was believed that their relationship had hit a rough patch back then.
   Their relationship _____ a rough patch back then.
6) It is alleged that she airbrushes photos of her kids.
   She _____ photos of her kids.
7) It is suspected that Iranian scientists are developing one of the most potent weapons in the history of conflict.
   Iranian scientists _____ of the most potent weapons in the history of the conflict.
8) It is thought that he has fallen prey to phishing on his mobile device.
   He _____ to phishing on his mobile device.
9) It was known that we had an adopted son.
   We _____ an adopted son.

10) There is rumour that she was talking on the phone when it happened.
She _____ on the phone when it happened.

11) It is said that there were other clues, totally overlooked by the investigators.
There _____, totally overlooked by the investigators.

12) It is believed that our curiosity compels us to act.
Our curiosity _____ to act.

13) Apparently, the man did not sustain any bodily injury.
The man _____ any bodily injury.

14) It is considered that adding gold accents and classical paintings to walls will amplify the luxurious atmosphere of the interior.
Adding gold accents and classical paintings to the walls _____ the luxurious atmosphere of the interior.

2. Uzupełnij luki w notatce prasowej, tłumacząc fragmenty z nawiasów na język angielski. Użyj podmiotu osobowego tam, gdzie to możliwe.

Two teenage boys 1) _____ (*według doniesień zaginęli*) in the town of Dragonville, Virginia. 2) _____ (*po raz ostatni widziano ich, jak rozmawiali*) to a man in a red pickup truck, then their trail went cold. At first, 3) _____ (*uważano ich za typowych*) runaways and 4) _____ (*spodziewano się, że wrócą do domu*) within a week, but these assumptions turned out to be wrong. 5) _____ (*powszechnie wiadomo*) that the boys are troublemakers and 6) _____ (*plotkuje się, że byli zamieszani*) in drug trafficking, but these allegations haven't been proved yet. The police are being tight-lipped about the investigation, although – off the record – new evidence, suggesting third-party involvement, 7) _____ (*mówi się, że się pojawiły*), which fuels speculation that the case is more complicated than was initially thought. 8) _____ (*oczekuje się, że lokalny szef policji wygłosi*) a statement concerning the development of the events this afternoon.

3. W niektórych zdaniach są błędy. Znajdź je, podkreśl i zapisz poprawione fragmenty poniżej.

1) She was seen leaving the building in a hurry.
_____

2) The tenements are said to be built before WWII.
_____

3) He is believed to have slept while the thieves were robbing his house.

4) Garlic is considered to have been the best natural medicine for the common cold.

5) You were heard rant about immigrants, so don't deny your racism now.

6) The boys are said to have trapped in the hole for hours before they were rescued.

7) The woman is reported to have been found unresponsive.

8) It is thought that we are to have opened the ceremony.

9) She has been rumoured to being trained by the champion himself.

abc

to airbrush – retuszować
allegation – zarzut, oskarżenie
to amplify – wzmacniać
to compel – zmuszać
to fall prey to sth/sb – padać ofiarą czegoś/kogoś
to fuel – tu: podsycać
to hit a rough patch – mieć trudny okres, mieć złą passę
to overlook – przeoczyć
phishing – phishing (wyłudzanie poufnych informacji przez podszywanie się pod osobę lub instytucję)
potent weapon – potężna broń
to rant – wygłaszać tyradę, złorzeczyć, głośno narzekać

runaway – uciekinier
somebody's trail is/goes cold – czyjś trop się urywa
to step down – ustępować ze stanowiska
to sustain bodily injury – doznawać uszkodzenia ciała
to tantalise – zwodzić, mamić, rozbudzać złudne nadzieje
third-party involvement – udział osób trzecich
to be tight-lipped – nabrać wody w usta, niechętnie ujawniać informacje
unaccounted for – poszukiwany, nieznaleziony
unresponsive – niereagujący na bodźce

Rozwiąż krzyżówkę na stronie 179.

Unit 9
Unreal past – review

Podczas mówienia o sytuacjach, które nie miały lub nie mają miejsca, choć były lub są przez nas pożądane, używamy tzw. *unreal past*, czyli:
- czasu przeszłego w odniesieniu do teraźniejszości, np. *I'd rather you **left***;
- czasu zaprzeszłego w odniesieniu do przeszłości, np. *If only I **had known** how to solve it then.*

Unreal past występuje w zdaniach rozpoczynających się na przykład od: ***I wish...**, **If only...**, **It's (high/about) time...**, **I would rather/sooner** + zaimek/osoba, **Imagine...**, **Suppose...**, **What if...***, oraz po wyrażeniu ***as if/though...***

Oto wskazówki dotyczące użycia niektórych z powyższych zwrotów:

→ Jeśli zdanie dotyczy irytującego zachowania lub nawyku, to po ***wish*** lub ***if only*** stosujemy ***would***, np. *I wish / If only he would stop cracking his knuckles!* Więcej na temat *I wish* oraz *if only* znajdziesz w piątej części serii w rozdziale 11.

→ Po ***I would rather/sooner*** wprowadzamy zdanie podrzędne z *unreal past*, jeśli wykonawca czynności jest inny niż ten ze zdania głównego, np. *I'd rather they **did** it.* W przeciwnym wypadku stosujemy *bare infinitive* dla teraźniejszości (np. *I'd rather **do** it myself*) lub *perfect bare infinitive* dla przeszłości (np. *I'd rather **have done** it differently then*).

→ Po ***as if/though*** wprowadzamy *unreal past*, jeśli opisane sytuacje są jedynie wyobrażone, np. *He acts as if he was crazy (but he isn't); She spoke as if she hadn't known about it (but she had).* Jeżeli opisywane sytuacje są realne lub możliwe, to stosujemy czasy, które są w ich przypadku odpowiednie, np. *It looks as if it's going to rain (it probably will); He groaned as if he was hurt (he really was).* Zobacz również informacje na ten temat w piątej części serii w rozdziale 12 na stronie 70.

→ *Imagine* i *suppose* mogą łączyć się ze zdaniem wyrażonym w *unreal past** lub z formalną konstrukcją ***were to*** + **bezokolicznik**, np.:
- *Imagine we **repainted** / **were to repaint** the room!*
- *Imagine the room **were (to be) repainted**!*

→ Warto wiedzieć, że, szczególnie w wypowiedziach oficjalnych, w zdaniach z *unreal past* używa się formy ***were*** (jako formy czasownika *to be*) w kontekście dowolnego podmiotu w liczbie mnogiej i pojedynczej, np. *I wish the minister **were** more careful with the accusations he makes; I wish the rules **were** more explicit.*

---

* W przypadku odnoszenia się do sytuacji możliwej w przyszłości *imagine* i *suppose* łączą się ze zdaniem wyrażonym w czasie teraźniejszym, np. *Imagine your project **wins** the contest; Suppose they **don't accept** our terms, what will we do then?*

1. Wybierz poprawną opcję. W jednym zdaniu obie są właściwe.

1) Isn't it about time somebody **told / had told** us the truth?
2) If only I **knew / had known** then what I know now!
3) We'd rather you **wouldn't waste / didn't waste** time on idle talk.
4) When I saw him again, he acted as if we **hadn't / hadn't had** a major fight.
5) I'm sorry, but it sounds as if you **are / were** trying to belittle her achievements.
6) He'd sooner **had watched / have watched** the match yesterday, but his wife chose a romcom instead.
7) I wish she **would stop / could stop** bad-mouthing me!
8) It's about time oppressed nations **overthrow / overthrew** their greedy dictators!
9) She'd rather **didn't entrust / not entrust** the fund with all her savings.
10) Suppose you **had to / have to** change your name. What new name would you choose?

2. Uzupełnij dowcipy, używając odpowiedniej formy wyrazów podanych w nawiasach.

1) Mother is waking up her son.
   "Johnny, come on, wake up, you have to go to school!"
   "Aww, mum, just a bit more sleep, please!"
   "No, it's high time you _____ (get up), look at the time!"
   "But I don't want to go to that stupid school! The children annoy me, and the teachers are a pain in the neck!"
   "Sorry, you have to. Remember that you're 45 and you are the headmaster!"

2) Two friends are talking.
   "If only Covid-19 _____ (start) in Las Vegas!"
   "Why?"
   "Well, what happens in Vegas, stays in Vegas!"

3) A man talks to his friend.
   "My wife treats me as if I _____ (be) a god!"
   "Wow, I envy you!"
   "No, you don't understand: she acts as though I _____ (not / exist) until she wants something!"

4) A guy limps up to a bar.
   "What happened to you?" the bartender asks.
   "On the walk over here, I was attacked and bitten on the leg by a giant dog," the guy says.
   "Oh no! Suppose it _____ (be) a small child!" the bartender exclaims.
   "Well, I think I could have fought off a small child, Gary," the guy replies.

5) I hate waiting in lines. I wish this woman _____ (hurry up) and pick a suspect at last!

6) My friend handed me a peach. I told him I'd rather _____ (*eat*) pears. So he handed me another one.
7) "What if Apple _____ (*sell*) apples?"
"Well, the price would probably make me go bananas!"

3. **Wskaż niepoprawną odpowiedź.**

1) **He's behaving as if he knew the answers to all the questions!**
   Does he know the answers to all the questions?
   a) Yes, he does.
   b) Maybe he doesn't.
   c) He might think he does.

2) **She wishes she was a councilwoman.**
   Is she a councilwoman?
   a) No, she isn't.
   b) No, but she could become one if she wanted to.
   c) No, and it's unlikely that she will ever become one.

3) **Mick looks as if he's been working out.**
   Has Mick been working out?
   a) Yes, he's probably sweaty and tired.
   b) No, he hasn't.
   c) He might well have been.

4) **It was a toilsome and perilous climb. At one point, it felt as if we weren't ever going to make it to the top alive.**
   How did you feel while climbing?
   a) You were sure you would get to the top.
   b) You would possibly die on the way to the peak.
   c) You were not sure whether you would survive the climb or not.

5) **I wish they wouldn't play such loud music.**
   Do they play loud music?
   a) Yes, they do, although not necessarily now.
   b) Yes, but I'm not referring to a present situation.
   c) Yes, and it gets on my nerves.

6) **It's high time they did something about this hole in the road.**
   I'm referring to their actions in the...
   a) future.
   b) present.
   c) past.

4. Objaśnij znaczenia zdań, wskazując na różnice w obrębie każdej pary.

1) a) I wish it would stop raining.
   b) I hope it will stop raining.
   _____

2) a) She'd rather not go there.
   b) She'd rather not have gone there.
   _____

3) a) He looks as if he is really well-off.
   b) He looks as if he was really well-off.
   _____

4) a) Suppose your motion is rejected, how will it change the situation?
   b) Suppose your motion was rejected, how would it change the situation?
   _____

5) a) Imagine the Queen were to bestow a title upon you.
   b) Imagine the Queen bestowed a title upon you.
   _____

5. Przeczytaj opisy sytuacji, a następnie na ich podstawie dokończ zdania.

1) You have recently joined a Spanish language course and you are beginning to regret your decision because the lessons are too fast-paced, the teacher is very demanding and doesn't pay attention to you, and the other students are a bunch of cut-throat swots. Unfortunately, you paid for the whole semester.
   a) I'd sooner the pace _____.
   b) If only the teacher _____.
   c) The other students make me feel as if _____.
   d) It's high time I _____.
   e) I wish I _____.

2) You got stuck in a dead-end job. You are bored stiff because you do repetitive tasks every day, your boss doesn't seem to notice you, and your colleagues drive you crazy because they only want to gossip all day long. Unfortunately, the recession has hit the country hard, which makes job-hunting much more challenging.
   a) I'd rather not _____.
   b) If only my colleagues _____!
   c) My boss behaves as if _____.
   d) It's about time I _____.
   e) I wish our country _____.

3) You bought some designer shoes because they were on sale, but now you regret it. You saw a better offer online, the shoes are of a strange colour which doesn't look good with any of your outfits, they are ill-fitting, and as uncomfortable as wood. Unfortunately, you've spilt some sauce on the receipt and it's got smudged.
   a) I wish I _____.
   b) I'd sooner the shoes _____.
   c) When I put them on, I feel as if _____.
   d) If only the receipt _____.
   e) It's time I _____.

6. Przekształć zdania tak, aby użyć podanych słów i zachować oryginalne znaczenie.

1) Do you think we should move our boy from his cradle to a cot? **ABOUT**
   Do you think it's _____ from his cradle to a cot?

2) Peter doesn't want to use spurs or a lash to coax the horse to run faster. **RATHER**
   Peter _____ to coax the horse to run faster.

3) This cocky new model poses like someone with five years' experience. **THOUGH**
   This cocky new model poses _____ in the job.

4) Why don't they finally stop drilling in the wall next door? **WISH**
   I _____ in the wall next door!

5) I don't want you to act like a cantankerous jerk. **SOONER**
   I would _____ like a cantankerous jerk.

6) Would you have solved the puzzle without that hint I gave you? **NOT**
   Suppose I _____, would you have solved the puzzle?

7) To hear him talk, you might think he invented the rabies vaccine himself! **AS**
   He talks _____ the rabies vaccine himself!

8) I would love to be able to go backpacking with you. **ONLY**
   If _____ backpacking with you!

9) Shouldn't they build a ring road at last? **HIGH**
   Isn't _____ a ring road?

abc

to bad-mouth – obgadywać
to belittle – umniejszać
to bestow – przyznawać, obdarowywać
bored stiff – śmiertelnie znudzony
cantankerous – zrzędliwy
to coax – nakłonić, namówić
cocky – pewny siebie, pyszałkowaty
cot – łóżeczko dziecięce
councilwoman – radna
cradle – kołyska
cut-throat – bezwzględny, pozbawiony skrupułów
dead-end job – praca bez perspektyw
to drill – wiercić
to entrust – powierzyć
fast-paced – toczący się w szybkim tempie

to go backpacking – podróżować z plecakiem
to go bananas – zwariować, oszaleć
greedy – chciwy, zachłanny
idle – czczy
lash – bicz
motion – tu: wniosek
to overthrow – obalić
perilous – niebezpieczny, ryzykowny
rabies – wścieklizna
ring road – obwodnica
romcom – komedia romantyczna
spur – ostroga
swot – kujon
toilsome – mozolny, żmudny
well-off – dobrze sytuowany, zamożny

Zapoznaj się ze słówkami z następnego rozdziału i rozwiąż krzyżówkę na stronie 180.

notes

Unit 10
Future Perfect tenses

Czas **Future Perfect** wyraża czynność, która zostanie zakończona przed określonym momentem w przyszłości, natomiast **Future Perfect Continuous** czynność, która w danym momencie w przyszłości będzie już trwała od jakiegoś czasu.

Zdanie w czasie **Future Perfect** zbudowane jest następująco: **will** + **have** + **trzecia forma czasownika**, np.:

> I **will have done** it by the time you come back / by midnight. – Zrobię to, zanim wrócisz / przed północą.

Zdanie w czasie **Future Perfect Continuous** zbudowane jest następująco: **will** + **have been** + **czasownik z końcówką -ing**, np.:

> I **will have been doing** it for three hours by the time you come back. – Będę to robił już od trzech godzin, kiedy wrócisz.

Zwróć uwagę na zastosowanie czasu teraźniejszego, a nie przyszłego, w drugiej części powyższych zdań (po zwrocie *by the time*).

W czasach przyszłych typu *perfect* często spotyka się takie słowa i zwroty jak:

- **by the time**, **before** – zanim;
- **by the end of this week/month/year** – przed końcem tygodnia/miesiąca/roku;
- **by next week/month/year** – do przyszłego tygodnia/miesiąca/roku.

Uważaj na typowy błąd!

Dobrze: *I will have corrected all the mistakes by the time the meeting starts.*
Źle: ~~I will have corrected all the mistakes by the time the meeting will start~~.

Jeżeli chcemy zwrócić uwagę odbiorcy na czas trwania czynności i wprowadzamy tę informację za pomocą przyimka *for*, to stosujemy Future Perfect Continuous, np. *By the time we get to Berlin,* **we will have been driving** *for 10 hours.*

Do wyrażania prawdopodobieństwa najczęściej używane są czasowniki modalne (*must*, *may*, *might* – patrz czwarta część serii, rozdział 13, s. 67). W tej funkcji występuje również **will** lub **will have**, np.:

> – Who is it?   – Kto to?
> – That **will be** Jim.   – To pewnie Jim.
>
> He **will have finished** by now. – Pewnie już skończył do tej pory.

1. **Na podstawie obrazków i podpowiedzi z nawiasów opisz zmiany, jakich Amy spodziewa się w ciągu najbliższych 10 lat. Użyj czasu *Future Perfect*.**

   Now: *In 10 years:*

   1) _____ (studies).
   2) _____ (marriage).
   3) _____ (kids, dog).
   4) _____ (house).
   5) _____ (book).

2. **Uzupełnij zdania czasownikami z nawiasów w formach *Future Perfect* lub *Future Perfect Continuous*.**

   1) I hope that they _____ (*get down*) to work by the time I arrive with my crew.
   2) The maintenance staff _____ (*drain*) the water from the pool before winter comes.
   3) By the end of this year, the BBC Channel 2 _____ (*broadcast*) this show for ten years.
   4) Don't worry, she _____ (*get over*) him by the end of the year.
   5) How long _____ (*they / co-operate*) with you by June?
   6) Next year, he _____ (*represent*) his country as a top athlete for five years.
   7) I'm afraid that her emotional life _____ (*throw*) into turmoil by the time you have explained everything to her.
   8) I expect that the kids _____ (*go to sleep*) by now.

9) If there is no government intervention, the stock market downturn _____ (*reach*) a critical threshold by the end of the day.

10) You'd better take some snacks or sandwiches because by the time we stop to have dinner, we _____ (*drive*) for five hours, so you _____ (*get*) absolutely ravenous by then.

3. Uzupełnij zdania, używając wyrazów podanych w nawiasach w odpowiedniej formie. Jeśli to konieczne, dodaj inne słowa.

1) She says that if nothing unexpected comes up, she _____ (*grant / tenure*) at Oxford University by the time we see each other again.

2) Do something to help her, please! At 7 p.m. she _____ (*be / labour / fifteen hours*)!

3) Most of the people questioned in the survey think that scientists _____ (*not / find / cure / terminal disease / cancer*) in twenty years' time.

4) It's very probable that they _____ (*already / make / he / scapegoat*) for the company's failures by the time we provide all the documents.

5) I'm sure he _____ (*learn / rudiments / game*) by the time we play it at the camp.

6) Do you realise that by this December we _____ (*know / each / twenty years*)?

7) According to recent statistics, most middle class offspring in the USA _____ (*force / out / house*) by the time they turn 20.

8) It's pretty obvious to me that they _____ (*not / resolve / issue / before / she / come back*).

4. Przetłumacz fragmenty zdań podane w nawiasach na język angielski, używając czasów *Future Perfect*.

1) In four days' time _____ (*minie dokładnie rok, odkąd wynajmujemy to mieszkanie*).

2) It's six o'clock, so she _____ (*pewnie już wyszła z biura*) by now.

3) I can't believe that by January _____ (*minie dziesięć lat, odkąd pracuję w dziale kadr*)!

4) Many people believe that by 2050 _____ (*roboty zastąpią nauczycieli*), and there will be no schools as we know them.

5) We won't implement the system earlier than in two years, so I'm afraid that by then he _____ (*zapomni już*) about our requests.

6) Make sure you take the appropriate shoes because by the time we reach the first mountain hut, we _____ (*będziemy iść od trzech godzin*), and you'll risk getting blisters if your shoes are not comfortable enough.

7) _____ (*czy skończysz, zanim on wyśle*) the report to the management?

8) I don't think _____ (*żeby oni wykonali całą pracę*) by the end of the year.

---

abc

to be in labour – rodzić
blister – pęcherz (na skórze)
to broadcast – transmitować, nadawać
downturn – spadek
to drain – spuścić (np. wodę ze zbiornika)
to force sb out of one's house – zmusić, kogoś, żeby się wyprowadził z domu
to get down to sth – zabrać się do czegoś
to get over sb – otrząsnąć się / dojść do siebie po rozstaniu z kimś
mountain hut – schronisko górskie

offspring – potomstwo
ravenous – wygłodniały
to resolve – rozwiązać (np. problem)
rudiments – podstawy
scapegoat – kozioł ofiarny
tenure – stały etat
terminal – śmiertelny
threshold – próg
turmoil – chaos

Rozwiąż krzyżówkę na stronie 180.

notes

Unit 11
Participle clauses

Present participle to forma czasownika z końcówką *-ing*, której w języku polskim często odpowiadają imiesłowy zakończone na *-ąc*, np. *seeing* – widząc. Dzięki niej można skracać wiele wypowiedzi złożonych z dwóch zdań, których podmiot jest ten sam. Można go stosować zarówno w stronie czynnej, jak i biernej. Porównaj:

> I broke my nail while I was trying to open a can of Coke. = **Trying** / While **trying** to open a can of Coke, I broke my nail.;

> Since I am invited to the wedding, I should buy a present = **Being invited** to the wedding, I should buy a present.

Zdania z *present participle* stosujemy wtedy, gdy:

- wprowadzane czynności mają miejsce jednocześnie, np. **Driving** / While **driving** to work, I saw a car accident = While I was driving to work, I saw a car accident;
- pierwsza czynność jest wykonywana tuż przed kolejną, np. **Arriving** at the airport, I saw my favourite football team = When I arrived at the airport, I saw my favourite football team;
- pierwsza część zdania stanowi uzasadnienie drugiej, np. **Having** a driving licence, I could apply for the job = Since I had a driving licence, I could apply for the job.

Perfect participle, czyli imiesłów dokonany, odnosi się do zdarzeń przeszłych. Używamy go, jeśli wcześniejsza czynność została zakończona, np. *Having left, he sighed* – Wyszedłszy, westchnął. *Perfect participle* ma stronę czynną i bierną:

- stronę czynną tworzymy, łącząc **having** z trzecią formą czasownika, np. **Having finished** my homework, I left – Skończywszy pracę domową, wyszedłem;
- stronę bierną tworzymy, zestawiając **having been** z trzecią formą czasownika, np. **Having been renovated** last year, the mansion looked splendid – Wyremontowana w zeszłym roku, rezydencja wyglądała okazale.

W miejsce *perfect participle* możemy też zastosować połączenie **after** z formą **gerund**, np. **After spending** two years abroad, I decided to return home – Po spędzeniu dwóch lat za granicą zdecydowałem się wrócić do domu. Jeśli jednak czynność z drugiej części zdania jest wynikiem tej wcześniejszej, lepiej sięgnąć po *perfect participle*.

Forma **past participle** jest używana wtedy, gdy w zdaniu w stronie biernej odnosimy się do warunku, np. **Taken care of** properly, the car will last for at least 20 years (= If it is taken care of properly...) – Ten samochód przetrwa co najmniej 20 lat, jeśli się będzie o niego odpowiednio dbać.

Aby ogólnie wyrazić negację, poprzedzamy dany imiesłów słowem **not**, np. **Not knowing** what to do, they called the police; **Not having slept** enough, he was unbearable.

Przed imiesłowami często są stosowane następujące przyimki:
- **by**, wprowadzający informację na temat środków, za pomocą których coś zostało osiągnięte, np. **By** *reading this book, I found out a lot about the history of our country*;
- **with** i **without**, które poprzedzają wiadomość o powodzie czegoś, np. **With Peter coming** *tomorrow, we have to make some preparations** (= *Because Peter is coming tomorrow, we have to make some preparations*); **Without knowing** *what the problem is, I can't help you* (= *Because I don't know what the problem is, I can't help you*);
- **on** i **upon**, używane w znaczeniu *gdy*, np. **On/Upon hearing** *that, I got pale.*

---

* Zwróć uwagę, że w tym zdaniu są dwa różne podmioty (*Peter* i *we*), podczas gdy zwykle część zawierająca imiesłów odnosi się do podmiotu, który jest w dalszej części zdania. To zdanie jest przykładem tzw. *Absolute Participle*.

1. Wybierz poprawną formę. W dwóch zdaniach obie są właściwe.

1) **Given / Giving** the choice, I would definitely go for one of the Ivy League universities.
2) After **doing / having done** his homework, he went outside to play.
3) **Waiting / Having waited** for the bus, we could see a lot of black-clad teenagers heading towards the stadium.
4) **Having been instructed / Instructing** not to touch anything in the room, he felt quite intimidated by the multitude of buttons and knobs.
5) The person **described / having described** in the arrest warrant is now in custody.
6) **Asked / Having been asked** to show how his body has transformed, Allan flexed his muscles in front of the fascinated girls.
7) **Not being / Not to be** a member of the band, he knew he would have to sneak through the back door.
8) **Having found / Found** the lost diamond stud, she sighed with relief.
9) If **treated / having treated** with appropriate cleaning materials, the metal parts should not rust or tarnish.
10) On **having entered / entering** the classroom, the teacher cleared his throat and smiled at his students.

2. Uzupełnij zdania odpowiednimi formami czasowników z nawiasów.

1) _____ (*walk*) down this road, you will soon get to the monument, the most remarkable landmark of our city.

2) _____ (send) my application, I completely forgot about it until I got a phone call from them yesterday.

3) I would shadow him day by day, _____ (give) the opportunity.

4) Gravely _____ (injure) in the crash, the man was writhing in agony.

5) Am I the only person _____ (order) scallops?

6) Not _____ (meet) the girl before, he felt both excitement and timidness before their first date.

7) _____ (drive) on the highway for many hours, you must use some tricks to resist drowsiness.

8) They were only released after _____ (reveal) their true identities.

9) _____ (shoot) in the chest, the man had slim chances of survival.

10) Most lobsters turn vibrant red when _____ (boil).

11) _____ (find) only in Poland, the striped flint is a gemstone with a system of concentric dark and pale stripes resembling waves.

12) _____ (spend) most of her childhood in France, she spoke French fluently.

3. Przeformułuj zdania, używając konstrukcji imiesłowowych.

1) She was exhausted from hours of walking, and she dozed off in an armchair before we brought dinner.

2) When you enter the building, you will have to go through a security gate.

3) I was nervous about giving my best man's speech because I had never done it before.

4) The boy avoided answering the questions because he didn't want to betray his friends.

5) The treasure was hidden in the cave, and it wasn't discovered for centuries.

6) If a sea snail's head is severed from its body, it can grow a whole new body.

7) He forgot to set his alarm and, as a result, woke up an hour late.

8) When I switched on my computer, I noticed there was something wrong with the screen.

_____

9) If she is given the opportunity, she can breathe new life into our designs.

_____

10) They had an argument, after which they vowed to never talk to each other again.

_____

4. Przetłumacz fragmenty zdań podane w nawiasach na język angielski, używając konstrukcji imiesłowowych.

1) _____ (*skończywszy sprzątanie domu*), Maria was finally able to put her feet up and rest.

2) _____ (*będąc najtwardszymi i najrzadszymi kamieniami szlachetnymi*), diamonds are very valuable and highly sought-after.

3) The fruit we ordered should not ripen _____ (*jeśli zostaną dostarczone bez zwłoki*).

4) _____ (*będąc przeszkolonym przez najlepszych instruktorów*), he felt confident that he would be able to help the victims.

5) Sunsets are blue _____ (*kiedy są obserwowane z Marsa*) because during the Martian day, the sky is normally pinkish-red, unlike the Earth's skies.

6) The song, _____ (*śpiewana teraz*), was written by my brother.

7) _____ (*patrząc na swoje odbicie w lustrze*), she straightened up and smiled to herself.

8) _____ (*przeczytawszy instrukcję*), he knew exactly what to do.

9) There she was, _____ (*sącząc drinka i uśmiechając się do niego*) flirtatiously.

10) The police officer, _____ (*zaatakowany przez wściekły*) mob, was taken to hospital.

arrest warrant – list gończy
black-clad – ubrany na czarno
to clear one's throat – odchrząkiwać
to doze off – przysypiać
drowsiness – senność
to flex one's muscles – prężyć swoje muskuły
gravely – poważnie
to head towards sth – kierować się w stronę czegoś
mob – tłum, motłoch
multitude – mnogość
to release – wypuścić (np. na wolność)
relief – ulga

to resist – opierać się, stawiać opór
to ripen – dojrzewać (o owocach)
scallop – przegrzebek
to sever – ucinać, odcinać
to shadow sb – uczyć się przez obserwowanie kogoś
to sigh – wzdychać
sought-after – pożądany, poszukiwany
stud – tu: kolczyk wkręcany
to tarnish – matowieć, tracić blask
to vow – ślubować
to writhe in agony – zwijać się z powodu potężnego bólu

Rozwiąż krzyżówkę na stronie 181.

Unit 12
Perfect infinitive & perfect gerund

Gdy chcemy wskazać, że czynność pojawiająca się jako dopełnienie głównego czasownika wydarzyła się w przeszłości, stosujemy jedną z poniższych form:

- **Perfect infinitive** (**to have** + **trzecia forma czasownika**) po czasownikach łączących się z bezokolicznikiem, np. *I would like* **to have gone** *to Peru with you** (wycieczka do Peru już się odbyła i mnie na niej nie było, czego obecnie żałuję). Tę formę nazywamy bezokolicznikiem dokonanym.

- **Perfect gerund** (**having** + **trzecia forma czasownika**) po czasownikach łączących się z formą *gerund*, np. *He denies* **having been** *abroad* (obecnie on zaprzecza temu, jakoby w przeszłości był za granicą).

- **Perfect continuous infinitive** (bezokolicznika ciągłego dokonanego), gdy mowa o czynności trwającej w określonym momencie w przeszłości, np. *I would like* **to have been dancing** *when they took that photo* – Chciałabym tańczyć, gdy robili to zdjęcie.

Zaobserwuj, jak zmienia się znaczenie zdania w zależności od użytej formy dopełnienia:

He seems **to drink** *a lot.* – Wydaje się, że on dużo pije.
He seems **to have drunk** *a lot.* – Wydaje się, że on dużo wypił.
He seems **to have been drinking**. – Wydaje się, że on pił.

Porównaj również użycie strony biernej w bezokoliczniku i formie *gerund*:

It ought **to be done** *soon.* – To powinno zostać wkrótce zrobione.
It ought **to have been done** *years ago.* – To powinno było zostać zrobione lata temu.
Nobody likes **being cheated** *on*. – Nikt nie lubi być zdradzany.
He endured **being / having been ignored** *in his previous job.* – On wytrzymał bycie ignorowanym w poprzedniej pracy.

---

* Tę treść można również wyrazić na dwa inne sposoby: *I would have liked to go to Peru with you* oraz *I would have liked to have gone to Peru with you.*

---

1. Dopisz formy *perfect infinitive*, *perfect bare infinitive*, *perfect continuous infinitive* oraz *perfect gerund*.

1) would like to do – _____

2) seem to be doing – _____

3) must do – _____
4) remember doing – _____
5) may be doing – _____
6) would prefer to do – _____
7) be supposed to do – _____
8) admit to doing – _____

2. Zaznacz wszystkie poprawne odpowiedzi.

1) They seem ____ a great time right now.
   a) to have   **b)** to be having   **c)** to have had

2) I'm not sure, but he might ____ then.
   a) had slept   **b)** be sleeping   **c)** have been sleeping

3) He accused us of ____ his work.
   a) sabotaging   **b)** having sabotaged   **c)** being sabotaged

4) I really regret not ____ the authorities about it earlier.
   a) informing   **b)** having informed   **c)** have informed

5) She seemed ____ this dish before.
   a) to have eaten **b)** to be eating   **c)** to eat

6) I know that you denied ____ that place, but that's not enough to free you from suspicion.
   a) ever visited   **b)** having ever visited **c)** ever visiting

7) We would like ____ that amazing performance with you! Too bad we were abroad then.
   a) to watch   **b)** to have watched   **c)** to be watching

8) He thanked us for ____ to the teacher when she treated him unfairly.
   a) having stood up **b)** standing up   **c)** having standing up

9) You needn't ____ so much food for the party, as most of it was left untouched.
   a) cook   **b)** cooked   **c)** have cooked

10) I would have preferred ____ King's College, but it was not on my parents' radar then.
    a) to attend   **b)** to be attending   **c)** to have attended

11) You are thought ____ in your tax return last year.
    a) to lie   **b)** to have lied   **c)** to be lying

12) We would hate ____ you like that.
    a) to leave   **b)** to have left   **c)** to be leaving

3. Uzupełnij tekst czasownikami z nawiasów w odpowiedniej formie: *gerund* lub bezokolicznika.

Oh, to be a kid again! Thinking about it now life seemed **1)** _____ (*be*) so easy and carefree when you were six or seven! Perhaps some people would like **2)** _____ (*do*) some things differently then, but generally we tend **3)** _____ (*perceive*) our childhood as the most idyllic and untroubled time of our lives. The only thing that roiled one's peace of mind then was the thought of having to go to school, which appeared **4)** _____ (*already / loom*) during the holidays. I remember **5)** _____ (*go*) to school for the very first time. Unlike other kids, on that day I was excited and full of hopes of learning new, fantastic things, but boy, how forlorn these hopes turned out to be! **6)** _____ (*teach*) myself how to read and write while I was still in kindergarten, I expected **7)** _____ (*explore*) the land of the unknown and **8)** _____ (*sail*) into uncharted waters of knowledge with the help of wonderful teachers. Instead, I was made to learn the basics again, which was such a chore! I would rather **9)** _____ (*have*) an individual course of study, but at that time it was unheard of. Boredom was not the only problem I faced at school, unfounded suspicions and my classmates' animosity followed. For example, once I was accused of **10)** _____ (*cheat*) during a test because I wrote the answers too quickly for the teacher's liking; on another occasion nobody congratulated me on **11)** _____ (*win*) a spelling contest. When my relatives ask me now about my school memories, I pretend **12)** _____ (*like*) that period of my life, but I can't deny **13)** _____ (*feel*) relieved I don't have to go to school again!

4. W niektórych zdaniach są błędy. Znajdź je, podkreśl i zapisz poprawione fragmenty poniżej.

1) He admitted to have taken a museum artefact, which he claims was stolen from his country, but the judge still qualified his action as an aggravated offence.
_____

2) I would hate to miss your performance last night! I'm so glad I managed to make it on time.
_____

3) They seemed to be doing just fine.
_____

4) I will never forget watching shooting stars and making wishes on summer nights in Africa.
_____

5) He is alleged to have involved in the illegal practice of insider trading, but he vehemently denies any accusations.

6) She appears to know him for many years.

7) We were accused of having violating public order and were fined $150.

8) I would have liked to have met Marilyn Monroe.

9) He would prefer to have been dancing here with us now.

10) Do you remember to work your first stint in the modelling industry?

---

aggravated offence – przestępstwo kwalifikowane
animosity – niechęć, wrogość
artefact – artefakt, dzieło rąk ludzkich
chore – tu: kierat, nudna praca
for sb's liking – jak na czyjś gust
forlorn hope – płonna nadzieja
insider trading – wykorzystywanie poufnych informacji w obrocie papierami wartościowymi
on sb's radar – rozpatrywany przez kogoś
to sabotage – sabotować
shooting star – spadająca gwiazda
to stand up to sb – przeciwstawiać się komuś
stint – praca, epizod
tax return – zeznanie podatkowe
uncharted waters – nieznane wody
unfounded – bezpodstawny
untroubled – niezmącony, beztroski
vehemently – żarliwie, gorliwie, gwałtownie
to violate the public order – naruszać porządek publiczny

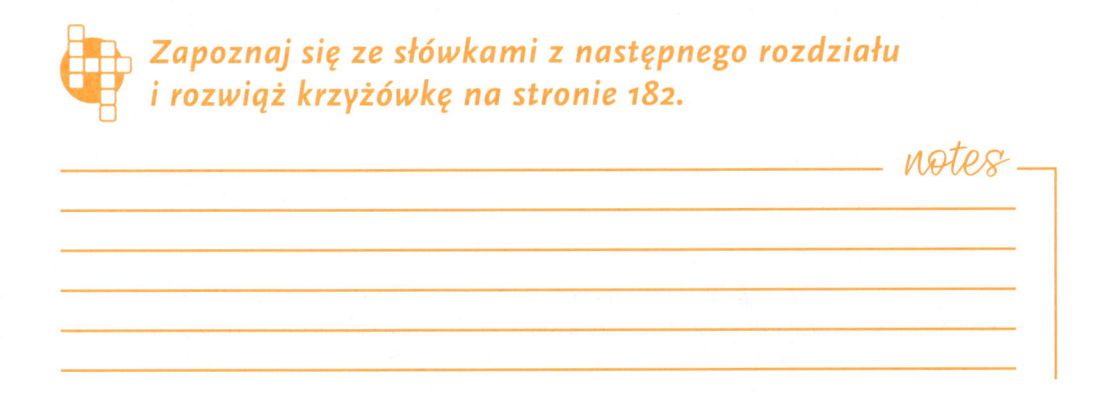

Zapoznaj się ze słówkami z następnego rozdziału i rozwiąż krzyżówkę na stronie 182.

notes

Unit 13
Linking words

Oto zestawienie przydatnych spójników, przysłówków, konstrukcji i ich funkcji:

Funkcja	Konstrukcja, spójnik lub przysłówek	Uwagi
Wprowadza lub wyraża warunek	*as long as, on condition that* *in case* + zdanie *in case* + *of* + rzeczownik	W odniesieniu do przyszłości po tych wyrażeniach stosujemy czas teraźniejszy, tak samo jak po *if* w 1. trybie warunkowym.
Wprowadza cel	*in order (not) / so as (not)* + bezokolicznik	
	so (that) + zdanie	Po *so (that)* zwykle stosujemy zdanie z czasownikiem modalnym.
Zestawia dwie różne informacje	*although*, even though* + zdanie	
	while, whilst	W języku bardziej formalnym mogą występować jako synonimy *although* i *even though*.
	though*	Spójnik używany zwykle w środku lub na końcu zdania.
	however, yet, nevertheless, nonetheless	Wskazują na kontrast względem poprzedzającego je zdania.
	even so, even if, all the same	Wzmacniają wypowiedź.
Wprowadza przyzwolenie	*in spite of / despite* + rzeczownik / gerund	Odpowiedniki *pomimo/mimo*.
	in spite of / despite + *the fact that* + zdanie	Odpowiedniki *pomimo/mimo że*.
	even though / although + zdanie	Odpowiedniki *chociaż / mimo że*.
Wprowadza przyczynę	*because of / due to / owing to* + rzeczownik *because of / due to / owing to* + *the fact that* + zdanie	Odpowiedniki *z powodu*
	as*/since + zdanie	Spójnik *as* jest mniej formalny.

* Zdania z **although** i **though** możemy przekształcić i zastosować szyk przestawny: **przymiotnik/przysłówek** + **as/though** + **podmiot** + **czasownik**, np. *Although he walked slowly, he finally reached the station* = **Slowly though he walked**, *he finally reached the station*.

Funkcja	Konstrukcja, spójnik lub przysłówek	Uwagi
Wyraża przyczynę	*thanks to*	Używane w kontekście pozytywnych informacji.
	on the grounds that, for	
Wprowadza dodatkową informację	*in addition to that, apart from that, on top of that, what's more, besides, moreover, furthermore*	
Wprowadza rezultat	*as a result, that's why, for this/that reason, consequently, therefore, thus, hence*	Cztery ostatnie spójniki mają wydźwięk formalny.
Wprowadza odniesienie	*as for, as far as sth/sb is concerned, when it comes to, regarding, concerning, with regard to*	

1. Uzupełnij zdania, wybierając właściwą odpowiedź.

1) They met ____ their mutual friends.
   a) as b) thanks to c) due to

2) She immediately noticed that he was witty ____ being really courteous.
   a) in addition to b) owing to c) in case of

3) ____ he was obviously attracted to her, in the beginning he was wary of getting too close to her.
   a) However b) Although c) On top of that

4) They talked a lot ____ to get to know each other better.
   a) because of b) thus c) so as

5) They were not on the same page about everything, ____ he felt he'd finally found his soulmate.
   a) yet b) so that c) as a result

6) His friends warned him that she might have some ulterior motives for getting into the relationship, but he proposed to her ____.
   a) though b) however c) nonetheless

7) His father said he didn't mind ____ she signed a prenup.
   a) in case b) as long as c) so as

8) She agreed to marry him ____ the large age gap between them.
   a) even though b) in spite c) despite

9) _____ their wedding, it was the biggest social event of the season, which attracted the upper crust of New York.
   a) While   b) In addition to   c) When it comes to

10) After the wedding, she decided to quit her job _____ she wanted to concentrate on building a family.
    a) since   b) while   c) thus

11) She became obsessed with his fidelity and made him sever relations with all of his female friends _____ one of them wanted to ensnare him.
    a) in order   b) in case   c) because of

12) With time, the atmosphere at home had become unbearable, _____ he moved out.
    a) whilst   b) on condition that   c) that's why

13) In the same year, they split _____ irreconcilable differences.
    a) owing to   b) as a result   c) hence

2. Uzupełnij zdania spójnikami z ramki.

> on condition that • so that • in case of • regarding • consequently • whilst • despite • moreover • due to • even though

1) _____ emergency, please press the alarm button and call the number below.

2) With every new police statement about developments in the investigation, the murderer was getting more and more restless and, _____, careless in his actions.

3) Under the watchful tutelage of his mother, he turned into a responsible and reliable man. _____, he learnt how to cook.

4) A lot of services have been curtailed _____ the financial crisis.

5) The prosecution agreed to him serving a two-year suspended sentence _____ he completed a rehabilitation programme.

6) Words like "colour" and "honour" are spelled with a "u" in British English, _____ Americans spell them without it.

7) They moved closer to the stage _____ their daughter could have a better view of the performers.

8) Loud, booming voices resounded through the house, _____ dawn was just breaking.

9) She then gave us a long lecture _____ the way our relationship is to be handled and fostered.

10) He was buried at the local cemetery _____ having been excommunicated at the end of his life by the Pope.

3. Wpisz odpowiednie spójniki.

1) Desert flora is not very varied and consists mainly of drought-tolerant plants, shrubs and trees _____ the harsh dry environment.
2) I was working hectically _____ everybody else was sleeping.
3) You can take my car _____ you return it by tomorrow.
4) _____ he knew it could be risky, he decided to invest in the start-up.
5) Take out additional insurance _____ something goes wrong.
6) He eventually found the love of his life _____ his shyness.
7) The lost ring was worth $2,500 000, _____ the frenetic search.
8) Some conclusions were rejected _____ they were too far-fetched.
9) Her son was ecstatic when he got the puppy he had been dreaming of. _____, when the routine chores started, his interest waned.
10) The new employee was polite, punctual and eager to help. _____, he was a fast learner.

4. Przekształć zdania tak, aby użyć podanych słów i zachować oryginalne znaczenie.

1) Even though she was irritated, she continued the speech. **OF**
   _____, she continued the speech.
2) She will be left to her own devices, but she must achieve the goals set. **LONG**
   She will be left to her own devices _____ the goals set.
3) I lowered my voice to a whisper because I wanted to make sure nobody could hear what I was saying. **SO**
   I lowered my voice to a whisper _____ what I was saying.
4) Although he acted boldly, he failed because of limited resources. **THOUGH**
   _____, he failed because of limited resources.
5) I'd like to go on an exotic holiday, but I should clear the backlog at work first. **WHILE**
   _____, I should clear the backlog at work first.
6) She studied hard for many years because she wanted to become a doctor. **COULD**
   She studied hard for many years _____ a doctor.
7) Although nobody gave them directions, they were still able to find the place. **GIVEN**
   They were still able to find the place in _____ directions.
8) Don't leave the window ajar because the cat might try to jump through it. **CASE**
   Don't leave the window ajar _____ through it.

ajar – uchylony
backlog – zaległości
to be on the same page – mieć takie samo zdanie, zgadzać się
booming – gromki, donośny
courteous – grzeczny, uprzejmy
to curtail – redukować, ograniczać
dawn – świt
ecstatic – zachwycony, uszczęśliwiony
to ensnare – usidlać
to excommunicate – ekskomunikować, wykluczyć (ze wspólnoty religijnej)
far-fetched – daleko idący, naciągany
fidelity – wierność
to foster – pielęgnować, rozwijać
frenetic – gorączkowy, szaleńczy
irreconcilable differences – różnice nie do pogodzenia
lecture – tu: kazanie, umoralniająca przemowa
left to your own devices – tu: zostawiony w spokoju
prenup – intercyza
prosecution – oskarżyciel (w sądzie)
to resound – rozbrzmiewać, dudnić
to sever relations – zerwać kontakt
shrub – krzak, krzew ozdobny
suspended sentence – wyrok w zawieszeniu
tutelage – opieka, kuratela
ulterior motive – ukryty motyw, ukryta pobudka
upper crust – śmietanka towarzyska
to wane – słabnąć, zmniejszać się
wary – ostrożny, nieufny
watchful – czujny, uważny
witty – dowcipny

Rozwiąż krzyżówkę na stronie 182.

Unit 14
Indefinite pronouns – review

Oto kilka informacji dotyczących użycia wybranych zaimków nieokreślonych:

→ Zaimki nieokreślone takie jak **another**, **anybody/anyone**, **everybody/everyone**, **nobody / no one**, **none***, **anything**, **everything**, **nothing**, **each**, **nor**, **either** oraz **neither*** są stosowane z czasownikami w liczbie pojedynczej, np. *Another has fallen*; *Nobody likes him*; *Either is available*. Dzieje się tak również wtedy, gdy tworzą podmiot złożony (np. *No one or everyone comes*) lub gdy są częścią wyrażenia przyimkowego (np. *Each of my friends is married*).

→ Zaimki nieokreślone takie jak **both**, **few**, **many**, **others** czy **several** łączą się z czasownikami w liczbie mnogiej, np. *Few are going to complain*; *Several have faults*.

→ Pamiętaj, że **both**, **neither** i **either** odnoszą się do dokładnie dwóch osób, rzeczy lub grup, a **all** i **none** do ich większej liczby.

→ Słowa **any** oraz wyrazów z przedrostkiem **any-** używamy, jeśli przymiotnik, przysłówek lub czasownik w zdaniu ma znaczenie związane z negacją. Mowa tu o zdaniach wyrażających zakaz, brak lub rzadkie występowanie czegoś itp. Słowami związanymi z negacją są m.in.: **hardly**, **scarcely**, **barely**, **rarely**, **seldom**, **impossible**, **without**, **unable**, **unlikely**, **to forbid**, **to deny**, **to prevent**, **to refuse**. Oto przykłady:

> *It's unlikely **anyone** will turn up.*
>
> *They forbade us to say **anything**.*

→ W przypadku niektórych zaimków nieokreślonych (np. *all*, *any*, *more*, *most*, *none*, *some*, *such*) to, czy czasownik, łącząc się z nimi, będzie w liczbie pojedynczej, czy mnogiej, zależy od kontekstu ich użycia w zdaniu. Porównaj:

> *Fortunately, **all is** well with her leg* (*all* odnosi się do sytuacji).
>
> *I've checked five galleries. **All are** worth visiting* (odnosimy się do rzeczownika w liczbie mnogiej).

Zaimki nieokreślone mogą więc łączyć się z czasownikiem w liczbie pojedynczej lub mnogiej. Wszystko zależy od tego, co określają, np. *Some of the **article was** just ridiculous*; *Some of the **books were** sold last week*.

---

* Z *none* i *neither* możemy użyć czasownika w liczbie pojedynczej (w języku starannym) lub w liczbie mnogiej (w języku potocznym).

1. Uzupełnij zdania słowami z ramki.

> nor • seldom • neither • anything • hardly • none • either • both • unlikely

1) It looks like we have two design problems here, luckily _____ of them is insurmountable.
2) As tenants, we have asked several local councillors to help with the disrepair issues, but _____ has even lifted a finger.
3) The most challenging time was when _____ my parents lost their jobs, simply because they refused to join the party.
4) The needs and priorities of people at the grassroots level are _____ given any attention.
5) After the divorce, the situation wasn't easy for _____ of us.
6) It seems highly _____ that anybody will follow suit.
7) Despite myriad possibilities and suggestions, there was _____ anything that captured his interest.
8) According to psychologists, it's neither nature _____ nurture that determines who we are, but the choices we make in our lives.
9) From the place where we stood it was impossible to see _____.

2. Uzupełnij zdania, wpisując odpowiednie formy *Present Simple* czasowników podanych w nawiasach.

1) Where _____ (*be*) all the money I've been saving to our account?
2) _____ (*be*) either of the twins proficient in martial arts?
3) Both of his shoes _____ (*have*) holes in the soles.
4) These days more and more of us _____ (*seem*) to be pouring our hearts out to psychotherapists and taxi drivers.
5) He feels like his sister has received all the love of their parents and none _____ (*be*) left for him.
6) She neither _____ (*smoke*) nor _____ (*drink*).
7) None of my secretaries _____ (*know*) shorthand.
8) A: Would you like some tea or coffee?
   B: Either _____ (*be*) fine, thanks.
9) All of the worshippers in the cult _____ (*declare*) their unmitigated admiration for their leader.
10) Although we have two cooling fans at home, neither _____ (*work*).

3. Uzupełnij zdania czasownikami z nawiasów w odpowiednich formach.

1) I sent my CV to a number of companies, but none of them _____ (be) interested in hiring me.
2) I don't recall reading that any of these animals _____ (hibernate) at any stage of their lives.
3) Domestic violence makes up a quarter of all violent crime, although most _____ (go) unreported.
4) Such greedy people always _____ (want) more.
5) The plot is quite predictable: all _____ (seem) lost until handsome Prince Albert comes to save the day, and it all _____ (end) happily ever after.
6) I can show you some advice sent by readers, but I doubt if any _____ (have) much relevance.
7) People are more willing to take up freelance jobs and more _____ (work) from home these days.
8) Some of the writing _____ (be) legible, but some _____ (fade) over the centuries, making it almost impossible to decipher.
9) Students can express their opinions freely and most _____ (denounce) the brutal actions of the police.
10) None of the evidence presented in court _____ (indicate) your direct involvement, so we expect the jury will vote in favour of your acquittal.

4. Uzupełnij historię, wpisując w każdą lukę po jednym słowie.

My upbringing was quite strict, as 1) _____ of my parents believed that discipline mixed with love would give the best results. While my mum concentrated more on the "love" part and gave my sister and me 2) _____ any punishment at all, my dad thought that you 3) _____ did what you were told, or you deserved to be punished. One day we were cleaning the wardrobe and cabinets in our room. We were told to tidy up 4) _____ of our clothes, toys and stationery. 5) _____ my sister nor I was happy about it, especially as our father kept rushing us. However, my sister was doing her best to slow down our work, and as a matter of fact, I knew perfectly well why she was doing it. In one of her cabinets there was a stock of uneaten school sandwiches that she was hoping to get rid of while our father wasn't looking. Fortunately, 6) _____ of them was mine. 7) _____ as she tried, it was a fruitless effort. 8) _____ I can say is that at some point our father got quite angry at the slow progress we were making and decided he would finish the cleaning himself. He opened the fateful cabinet and... he completely lost it.

To be fair, only 9) _____ of the stocked sandwiches belonged to my sister and the other bunch – to her school friend, but 10) _____ explanation she offered could quell the fury of our father! He refused to believe 11) _____ she said and what's worse, her account of the events made him see red, and he totally lost his temper. He made her open 12) _____ and every sandwich to see if they had been made by him, and then take 13) _____ of them outside to toss into the compost bin. Even though I was completely innocent, 14) _____ of us were punished and forbidden to go 15) _____ for the whole month!

---

account – relacja, opowieść, konto
acquittal – uniewinnienie
to denounce – potępiać, piętnować
disrepair – opłakany stan, ruina
to follow suit – postępować tak samo, naśladować
grassroots level – najniższy szczebel
insurmountable – nie do pokonania
legible – czytelny
to lose it – wściec się, stracić panowanie nad sobą
not to lift a finger – nie kiwnąć palcem
myriad – niezliczony
nurture – wychowywanie, pielęgnowanie
to pour your heart out to sb – otworzyć przed kimś serce
to quell – dławić, tłumić
to save the day – uratować sytuację
to see red – wpadać w furię
shorthand – stenografia
tenant – lokator
unmitigated admiration – bezgraniczne uwielbienie
worshipper – czciciel

Zapoznaj się ze słówkami z następnego rozdziału i rozwiąż krzyżówkę na stronie 183.

— notes —

Unit 15
So, such, too, enough & word order

So i **such** służą do emocjonalnego podkreślania znaczenia określenia w zdaniu. Przysłówek *so* jest zwykle używany z przymiotnikami i przysłówkami, a *such* – z rzeczownikami lub z połączeniami przymiotnika z rzeczownikiem, np. *This car is* **so fast** *that it easily overtakes all other cars*; *It's* **such a fast car** *that it easily overtakes other cars.*

W bardziej emocjonalnych wypowiedziach formalnych używa się też *so* z rzeczownikiem, zmieniając szyk zdania na następujący: **so** + **przymiotnik** + *a/an* + **rzeczownik**, np. *It was* **so good a film that** *we watched it twice*. Można również zastosować samo *such* w połączeniu z *that*, np. *The pollution was* **such that** *we could hardly breathe.*

So i *such* mogą również rozpoczynać zdanie, nadając mu bardziej literacki charakter. W tym przypadku należy zastosować inwersję gramatyczną, którą ćwiczymy w rozdz. 20 (s. 97) i 21 (s. 102). Porównaj:

> **He earns so much money** *that he doesn't even know how much he has.* =
> **So much money does he earn** *that he doesn't even know how much he has.*
>
> **It was such bad weather** *that they didn't go anywhere.* = **Such bad weather was it** *that they didn't go anywhere.*
>
> **The music was so loud** *that I called the police.* = **So loud was the music** *that I called the police.*

Przysłówek **too** (za, zbyt) może mieć różną pozycję w zdaniu. Jest na przykład używany bezpośrednio przed przymiotnikami i przysłówkami, ale po czasownikach w połączeniu z *much/little*. W bardziej emocjonalnych wypowiedziach z *too* stosujemy inwersję gramatyczną. Powstaje zatem konstrukcja: **too** + **przymiotnik** + *a/an* + **rzeczownik**, np. *It was too big a risk*; *The cake was too great a temptation to resist*. Tę dość formalną konstrukcję można również stosować z *as, how, so, this* i *that*. Porównaj:

> *They have* **as wide an offer** *as we do.*
>
> **How good a mother** *is she?*
>
> *It was* **so heated a discussion** *that some people began to lose their temper.*
>
> *He didn't want to answer* **that personal a question**.

Słowa **enough** używamy przed rzeczownikami, ale również po przymiotnikach, przysłówkach i czasownikach. Porównaj: *I have* **enough money**, ale *You're not* **good enough**; *You're not trying* **hard enough**, *You didn't* **do enough**.

Too i *enough* często łączą się z bezokolicznikiem w następujących konstrukcjach: **too** + **przymiotnik/przysłówek** + *(for sb)* + **bezokolicznik** oraz **przymiotnik/przysłówek** + **enough** + *(for sb)* + **bezokolicznik**, np. *This coffee is too hot (for me) to drink*; *The film wasn't good enough (for us) to watch*. Na końcu takich zdań (po czasowniku) nie dajemy zaimka, np. *He was too insistent to ignore* (nie: ~~He was too insistent to ignore him~~).

1. Uzupełnij zdania, wpisując w puste miejsca *so*, *such*, *too* lub *enough*.

1) He was in _____ bad a plight that he started to consider leaving the country.
2) It's _____ early to say whether it was foolish of us to take a leap of faith and start the process.
3) Taking something from thought to reality takes _____ a lot of perseverance and hard work, but eventually it pays off.
4) These days, a lot of criminals are _____ tech-savvy that they can easily outsmart security systems.
5) It began to dawn on them that there just weren't _____ items in stock to satisfy the demand.
6) There are _____ many conflicting patterns in the overall appearance to make it work.
7) _____ was her stupefaction that for a moment she was lost for words.
8) It was _____ good an opportunity to pass up.
9) The story was not compelling _____ for her to continue reading, so she put the magazine away and decided to take a nap.
10) It's _____ ambiguous a statement that it may easily lead to misunderstanding or misinterpretation.

2. Przeformułuj zdania tak, aby brzmiały bardziej formalnie lub emfatycznie.

1) The plot is too complicated to be described in just three sentences.
   It's too _____.
2) He was so terrified that he didn't dare move or breathe.
   Such _____.
3) The environment he grew up in was so cloistered that he knew only one kind of people.
   So _____.
4) It was such a good spot that we began to spend most of our time there.
   It was so _____.
5) They showed such determination during the internship that it was clear they would do anything to stay on in the company.
   Such _____
   _____.
6) The attack is too serious to turn a blind eye to.
   It's too _____.
7) It is such a widespread spillage that the whole ecosystem is threatened.
   Such _____.

8) Access to education in this African country is so woefully inadequate that there cannot be any comparison with European countries.
So _____
_____.

9) The experience was too traumatic for the child to forget.
It was too _____.

10) The force of the wind was so great that several trees in the area were uprooted.
Such _____.

3. We wszystkich zdaniach poniżej jest jeden lub dwa błędy. Znajdź je, podkreśl i zapisz poprawione fragmenty poniżej.

1) The box is too heavy for you to lift it.
_____

2) His astonishment at the news was so that his jaw dropped.
_____

3) The encouragement he received was still not enough strong for him to overcome his inhibitions and fears.
_____

4) Such tedious was the work that he felt burnt out a month into it.
_____

5) The leather jacket was too expensive to buy it.
_____

6) I think these shoes are too extravagant to wear them for the reception.
_____

7) It was such bold a move that nobody expected it.
_____

4. Przyjrzyj się obrazkom i na ich podstawie uzupełnij zdania, używając odpowiednich form wyrazów z nawiasów oraz innych koniecznych słów.

1) a) It's too _____ (*car / use by a family*).
   b) It's so _____ (*car / some can afford it*).
   c) Such _____ (*speed / win car races*).

2) a) She's so _____ (girl / turn heads).
   b) She isn't _____ (enough / be a model).
   c) It's too _____ (outfit / wear to gym).

3) a) So _____ (spicy / eat raw).
   b) It's too _____ (common vegetable / not known by cooks).
   c) Such _____ (heat / few people decide to eat).

abc

to be lost for words – nie mieć słów, zapomnieć języka w gębie
cloistered – odizolowany
compelling – frapujący, przykuwający uwagę
to dawn on sb – dotrzeć do kogoś, zaświtać komuś
demand – popyt
inhibition – zahamowanie
in stock – na stanie

leap of faith – skok na głęboką wodę, ryzykowne działanie
to outsmart – przechytrzyć
to pass up the opportunity – przepuścić okazję, nie skorzystać z okazji
perseverance – wytrwałość
plight – trudna sytuacja, niedola
stupefaction – osłupienie, oszołomienie
tedious – żmudny, monotonny
to uproot – wyrwać z korzeniami
woefully – rozpaczliwie, żałośnie

Rozwiąż krzyżówkę na stronie 183.

Unit 16
Happen to & make it

Zwrot **happen to** używany jest do sygnalizowania przypadkowości zdarzeń, np.:
  Do you **happen to have** a lighter? – Czy masz może przypadkiem zapalniczkę?
  I **happened to be** there when they needed me. – Akurat tam byłam, gdy mnie potrzebowali.

Po **happen** możemy użyć:
- **bezokolicznika w formie podstawowej**, np. I **happen to know** where it is – Akurat wiem, gdzie to jest;
- **bezokolicznika w formie ciągłej**, aby położyć nacisk na trwanie czynności w danym momencie, np. They **happened to be playing** my favourite song – Akurat grali moją ulubioną piosenkę;
- **bezokolicznika w formie dokonanej**, gdy odnosimy się do wcześniejszego wydarzenia, np. I **happen to have caught** a virus – Akurat złapałam wirusa.

Czasownik happen może też pojawić się w zwrocie it (so) happens that..., np. If it happens that you meet him, tell him to call me – Jeśli przypadkiem go spotkasz, powiedz mu, żeby do mnie zadzwonił.

Zwrot **make it** służy do mówienia o tym, że zdołamy coś zrobić, zdążymy gdzieś lub z czymś na czas lub coś nam się uda. Często występuje on z nazwami miejsc lub wydarzeń, np. make it **to the meeting/party** – dotrzeć na spotkanie/imprezę. Zdarza się, że towarzyszy mu wyrażenie **on time**.

Czasownik to make stosowany jest też m.in.:
- gdy mówimy, że ktoś się do czegoś nadaje, np. He'll make a good politician;
- gdy podajemy liczbę rzeczy, których potrzebujemy, np. Can I have a glass of diet Coke? Make that two.

---

1. **Wybierz poprawną opcję. W niektórych zdaniach obie są właściwe.**

1) She happens **to talk / to be talking** to the very man I wanted to meet; maybe she could introduce us to each other.
2) I don't think I will be able to make it **to / for** the meeting because the traffic jams are terrible at this hour.
3) We all deplore the events of the last few hours. It's such a shame her fiancé cheated on her! She would **make / be** a beautiful bride!
4) I **happen / happened** to overhear it when I was passing the living room window.
5) If you **happen to hear / happen to have heard** of anybody wanting to sell this manuscript, buy it, sight unseen!

6) These are not proven facts; it's just something I **happen to have observed / happened to observe** on my own.
7) He never **made it / happened to make it** as a singer.
8) It's been a rough week. I'll have the Scotch on the rocks and **have / make** it a double.

2. Uzupełnij zdania odpowiednimi formami czasowników *happen* i *make*. Jeśli w nawiasie podano dodatkowe słowo, użyj go.

1) Would you tell him to call me if you _____ to meet him?
2) _____ (*you*) to watch the Olympic Games opening ceremony yesterday? It was spectacular!
3) I think it's too late now to even try, we _____ (*never*) it on time!
4) She might help you, I know that she _____ to know some powerful and immensely well-connected figures.
5) It was unbelievable that the lawyer _____ it to the trial, even though everybody had lost faith in him.
6) They _____ it if there hadn't been riots in the streets.
7) You _____ to have a spare tyre, would you?
8) We _____ it! Now I can sit back and catch my breath after this crazy run!
9) I don't know how it's possible, but the fact is that even though she often misses the bus, somehow she always _____ it to school on time.
10) _____ (*you*) to know why she is making such ado about nothing, or are you as clueless as I am?
11) I'm sure he _____ a good father if he was given a chance.
12) Don't sit the two next to each other. I _____ to know they've been sworn enemies since Jane's party last year.

3. Uzupełnij wypowiedzi, używając zwrotu *happen to* lub *make it* oraz słów z nawiasów.

1) A: Why do you call him a rolling stone?
   B: Because I _____ (*know*) that he spends a lot of his time in a plethora of locations overseas.
2) A: I know I will need a screwdriver, pliers and some spanners, but I don't have these tools.
   B: Don't worry, we can ask my dad for help. I know he _____ (*keep*) a toolbox in his garage.
3) A: Mum, why are you calling me?
   B: _____ (*you / lecture*) in the morning? I was so worried, and you didn't even text me!

4) A: Sorry to bother you, neighbour, but have you seen my dogs? They disappeared ten minutes ago, and I can't find them anywhere.
B: Well, they _____ (play) with my kids in the backyard, so it looks like your search is over!

5) A: It sucks that you have to stay late on the very day of my performance.
B: I'm sorry, but I'll do my best _____ (next show).

6) A: It drives me up the wall that you are so careless about punctuality!
B: I _____ (main part) of the conference, so I don't understand why you're making so much fuss about it.

7) A: I'm sure we are going in the right direction!
B: Maybe, but _____ (pass / fallen tree / already)? We might be walking in circles!

8) A: This waiting is killing me!
B: Don't worry, _____ (he / time). Besides, we can't leave without him, can we?

9) A: It's really tragic that an innocent person was killed in the rumble when the two gangs clashed.
B: Yes, as they say, he _____ (be) in the wrong place at the wrong time.

10) A: That fire at the concert was a close call!
B: Yes, at one moment I thought I _____ (exit), but luckily Tim dragged me out!

abc

ado – zamieszanie, wrzawa
close call – sytuacja, z której cudem uszło się z życiem
to drag out – wyciągnąć, wywlec
to drive sb up the wall – doprowadzać kogoś do szału
immensely – nadzwyczaj, niezwykle
on the rocks – z lodem (o alkoholu)
to overhear – przypadkiem podsłuchać
overseas – za granicą morską
plethora – mnóstwo, ogrom
pliers – kombinerki
riots – zamieszki, rozruchy
rolling stone – osoba, która dużo podróżuje lub nie może usiedzieć w jednym miejscu przez dłuższy czas
screwdriver – śrubokręt
sight unseen – w ciemno, bez oglądania
to sit back – usiąść wygodnie, zrelaksować się
spanner – klucz francuski
to stay late – zostać po godzinach
sworn enemy – śmiertelny wróg
trial – rozprawa

Rozwiąż krzyżówkę na stronie 184.

Unit 17
Irregular verbs

Oto zestawienie wybranych trudniejszych czasowników nieregularnych:

Infinitive	Past	Past participle	Tłumaczenie bezokolicznika
abide	abode/abided	abode/abided	znosić, trwać, pozostawać
arise	arose	arisen	pojawiać się, powstawać
bear	bore	born(e)	nieść, rodzić się
bend	bent	bent	schylać się, zginać
bet	bet	bet	zakładać się
bid	bid	bid	licytować, oferować (o cenie)
bind	bound	bound	wiązać
bite	bit	bitten	gryźć
bleed	bled	bled	krwawić
broadcast	broadcast	broadcast	transmitować, nadawać
burst	burst	burst	pękać (np. o balonie), wybuchać
cling	clung	clung	trzymać się kurczowo
clothe	clad/clothed	clad/clothed	przyodziewać, przyoblekać
creep	crept	crept	skradać się
dig	dug	dug	kopać
dwell	dwelt	dwelt	rezydować
feed	fed	fed	karmić
flee	fled	fled	uciec, zbiec
fling	flung	flung	ciskać, rzucać
grind	ground	ground	mielić
knit	knit/knitted	knit/knitted	robić na drutach, dziergać
lay	laid	laid	położyć, składać, nakrywać (do stołu)
learn	learnt	learnt	uczyć się, dowiadywać się
leap	leapt/leaped	leapt/leaped	skoczyć, przeskoczyć, wyskoczyć
lie*	lay	lain	leżeć
light	lit	lit	zapalać, oświetlać
mow	mowed	mown	kosić

* Czasownik *to lie* może również występować w znaczeniu *kłamać* i odmienia się wtedy jak czasownik regularny.

seek	sought	sought	szukać
sew	sewed	sewn	szyć
shed	shed	shed	ronić (o łzach), rzucać światło
shrink	shrank	shrunk	kurczyć się
sink	sank	sunk	tonąć (o statku)
slay	slew	slain	uśmiercić, zgładzić
spell	spelt	spelt	literować
sting	stung	stung	żądlić
stink	stank	stunk	cuchnąć, śmierdzieć
stride	strode	stridden	kroczyć
swear	swore	sworn	przeklinać, przysięgać
swing	swung	swung	huśtać się
tear	tore	torn	drzeć, rozdzierać
weave	wove	woven	tkać, prząść
weep	wept	wept	szlochać, płakać
wind	wound	wound	nakręcać, przewijać
withdraw	withdrew	withdrawn	wycofywać, wyjmować (o pieniądzach)

Niektóre czasowniki mogą przyjmować dwie formy *past participle*. Forma nieregularna jest częściej używana w brytyjskiej odmianie języka, a regularna – w amerykańskiej. Do takich czasowników należą m.in.:

- to burn → burnt/burned,
- to spell → spelt/spelled,
- to spill → spilt/spilled,
- to spoil → spoilt/spoiled,
- to learn → learnt/learned,
- to quit → quit/quitted,
- to prove → proven/proved,
- to dream → dreamt/dreamed.

1. Uzupełnij brakujące formy czasowników nieregularnych.

1) lie – _____ – lain
2) grind – ground – _____
3) bite – _____ – bitten
4) tear – _____ – torn
5) stride – strode – _____

6) stink – _____ – stunk
7) mow – mowed – _____
8) clothe – _____ – clad
9) bear – _____ – born
10) sew – sewed – _____

2. Wybierz poprawną opcję. W niektórych zdaniach obie są właściwe.

1) He was born in Prague, but **seeked / sought** a career elsewhere.
2) My grandma **knit / knitted** and crocheted beautiful baby items when I was pregnant with my first child.
3) As they were talking, a dark figure **leaped / leapt** from the rooftop of an adjacent building and **creeped / crept** into the house.
4) The new research has finally **shedded / shed** some light on the causes of juvenile delinquency and problems of young offenders.
5) The soldiers killed in the action were all **laid / lay** to rest with honours in the local cemetery.
6) When his fist hit the blob of mercury, it **burst / bursted** into hundreds of droplets.
7) When she came round, she realised she was blindfolded and **binded / bound** hand and foot.
8) My parents often reminisce about their first meeting at a student café, when my mother accidentally **spilled / spilt** coffee all over my father's shirt.
9) He is said to have **slayed / slain** hundreds of wild animals for their furs, claws and tusks, which he traded illegally.
10) Like other girls her age, she **dreamed / dreamt** of a Prince Charming on a white horse, sweeping her off her feet and taking her away from grim reality.

3. Uzupełnij zdania poprawnymi formami czasowników z ramki.

arise • bear • bleed • break • cling • dwell • feed • spell • weep • withdraw

1) You needn't have _____ the dog, I gave him food an hour ago!
2) Painters such as Vincent van Gogh, Claude Monet or Pablo Picasso _____ new ground in art by introducing striking colours, emphatic brushwork or a new form of work.
3) She lost so much blood, she almost _____ to death.
4) I'm pretty sure this irregular verb has been _____ incorrectly, there should be a "t", not a "d" at the end.

5) In recent years, the ruling party has _____ to power, even though the country's economy has spiralled downwards and there has been more and more social unrest.

6) The problem _____ because people were left to fend for themselves without any help whatsoever from the authorities.

7) After all the make-up was put on and the prosthetic nose attached, I _____ a striking resemblance to the famous scientist.

8) Do you have any idea why they have suddenly _____ from further negotiations?

9) The photographers flocked to take pictures of the representatives of the tribe that _____ in the Amazonian rainforest.

10) She curled up into a ball, hid her face in the pillow and _____ uncontrollably.

4. **Przetłumacz fragmenty zdań podane w nawiasach na język angielski, używając czasowników nieregularnych.**

1) _____ (*to, co zepsuło jak dla mnie ten film*) were the stodgy dialogues and predictable ending.

2) During the civil war, the president _____ (*uciekł z kraju*), abandoning his estates and the enormous fortune he had amassed during his rule.

3) In our times of mass production, _____ (*ręcznie tkane materiały są poszukiwane*) by people who cherish tradition and craft.

4) Sati is a banned ancient custom in India, wherein _____ (*wdowa jest palona na śmierć*) on the funeral pyre of her husband.

5) The children _____ (*okręciły swoje kolorowe wstążki*) around the maypole erected in the middle of the village.

6) As you can see, my woollen skirt _____ (*skurczyła się w praniu o trzy rozmiary*)!

7) _____ (*jeśli zostaniesz użądlony*) by a paper wasp, the pain is intense but doesn't last very long, although the soreness and itching may persist for a day or two afterwards.

8) Her face fell, as if she _____ (*właśnie dowiedziała się o porażce*) of her favourite team.

9) She ran towards him and _____ (*zarzuciła ramiona wokół jego ciała*), almost knocking him off his feet in her exuberance.

10) You can make yourself a cup of fresh coffee – _____ (*właśnie została zmielona*).

---

abc

adjacent – sąsiedni, przylegający
to amass – gromadzić (np. o majątku)
to bear a striking resemblance – być uderzająco podobnym
to blindfold – zawiązywać oczy
blob – plama, kleks
to break new ground – zapoczątkować nowy nurt
brushwork – indywidualny sposób malowania pędzlem
to curl up – zwinąć się w kłębek
droplet – kropelka
exuberance – wylewność, entuzjazm
to fend for oneself – radzić sobie samemu, dawać sobie radę
to flock – gromadzić się (np. o owcach)
grim – ponury
itching – swędzenie, świąd

juvenile delinquency – przestępczość nieletnich
maypole – ozdobny słup obrzędowy używany w obchodach święta wiosny
prosthetic – protetyczny, stanowiący protezę
pyre – stos pogrzebowy
to reminisce – wspominać
to shed light on sth – rzucać światło na coś, wyjaśniać jakąś kwestię
sb's face fell – komuś zrzedła mina
to spiral downward – znajdować się na równi pochyłej
stodgy – drętwy, nudny
to sweep sb off their feet – zawrócić komuś w głowie, zwalić kogoś z nóg
tribe – plemię
unrest – niepokój, wzburzenie
wherein – w którym, gdzie, w czym

Rozwiąż krzyżówkę na stronie 185.

notes

Unit 18
Mixed conditionals

Mixed conditionals

Mieszane tryby warunkowe, czyli **mixed conditionals**, tworzy się przez połączenie drugiego trybu warunkowego z trzecim na dwa sposoby.

Sposób 1

| if | + | przeszłość (*Past Perfect*) | + | teraźniejszość (*would*) |

Oto przykład:

If I **had persuaded** *him, he* **would be** *here now.* – Gdybym go przekonał (wtedy), teraz byłby tutaj.

Po *if* pojawia się tu informacja o wydarzeniu z przeszłości (*Past Perfect*), które ma wpływ na stan obecny (*would*).

Sposób 2

| if | + | teraźniejszość (*Past Simple*) | + | przeszłość (*would have done*) |

Oto przykłady:

If I **were** *more patient, I* **would have stayed** *till the end of the lecture.* – Gdybym był bardziej cierpliwy (ogólnie, teraz i wtedy), zostałbym do końca wykładu (wtedy); *If he* **weren't** *intelligent, he* **wouldn't have won** *the contest so easily.* – Gdyby nie był inteligentny, nie wygrałby tak łatwo tego konkursu.

Po *if* następuje informacja o jakiejś stałej cesze. Zwróć uwagę na to, że gdybyśmy przeformułowali pierwszą część zdania na *If he hadn't been intelligent...*, sugerowałoby to późniejszą zmianę w poziomie inteligencji podmiotu zdania.

Uwaga! W *mixed conditionals* możemy również używać czasów typu *continuous*, np. *If he weren't so argumentative, he* **wouldn't have been quarrelling** *with me when the boss walked in yesterday*; *If they hadn't got stuck in a traffic jam, we* **wouldn't be waiting** *for them now*.

False conditionals

Fałszywymi trybami warunkowymi, czyli **false conditionals**, nazywamy konstrukcje, w których warunek został już spełniony (chociaż czasami możemy nie być tego całkowicie pewni) lub go nie ma. W większości z nich znaczenie słowa *if* jest bardziej zbliżone do *because, since, as, seeing as/that* lub *whenever* niż do *provided that*.

W zdaniach takich także mieszamy różne czasy. Oto możliwe konstrukcje tego typu:

if	+	przeszłość (*Past Simple*)	+	przyszłość (*will*)
if	+	przeszłość (*Past Simple*)	+	przeszłość (*Past Simple* lub *would** + *have* + *past participle*)
if	+	teraźniejszość (*Present Simple*)	+	przeszłość (*Past Simple* lub *would** + *have* + *past participle*)

Oto przykłady:

If he **studied**, *he'll pass* the exam, won't he? – Jeśli się uczył, zda egzamin, prawda?

If they **ate** dinner together, there **was** always a dessert. – Jeśli jedli razem obiad, zawsze był deser.

If you **were** at the meeting, you **could have raised** this issue. – Jeśli byłeś na spotkaniu, mogłeś podnieść tę kwestię.

If you **are** a vegetarian, you **might have told** me before the party. – Jeśli jesteś wegetarianinem, mogłeś mi (o tym) powiedzieć przed imprezą.

If they **don't speak** English, why **didn't** they **ask** for an interpreter? – Jeśli nie mówią po angielsku, dlaczego nie poprosili o tłumacza?

---

* Zamiast **would** możemy też zastosować czasowniki modalne **could**, **might** oraz **should**.

1. Uzupełnij zdania odpowiednimi formami czasowników z nawiasów oraz pozostałymi słowami.

1) If generally she _____ (*be*) more responsible, she _____ _____ (*not / leave*) her child unattended yesterday.

2) They _____ (*celebrate*) with us now if their daughter _____ (*not / have*) that terrible accident last week.

3) If you _____ (*post*) this advertisement on the dating site, you _____ _____ (*be inundated*) with calls, and certainly not sitting here alone in the flat.

4) She _____ (*get*) the job she applied for last month if she _____ (*be*) a man.

5) We _____ (*not / plunge*) into debt last year if you _____ (*have*) more common sense, which unfortunately you lack.

6) The union _____ (not / cry) foul now if they _____ (not / drop) the ball on the benefits proposals in the first place.
7) If I _____ (follow) my parents' advice, I _____ (study) law now.
8) World War I and II _____ (happen) if people generally _____ (respect) each other more.

2. Ułóż pytania z podanymi słowami, wzorując się na przykładzie.

Przykład: *Roman calendar / not create → time system / use now?*
If the Roman calendar had not been created, what time system would be used now?

1) dinosaurs / not die out → most dangerous predator now?

2) you / choose / different school → do now?

3) you / genius → start / school / earlier?

4) telephone and computer / not invent → how / communicate now?

5) you / can / turn back / time → how / spend / 2020 lockdown?

6) Germany / win WWII → world / look now?

7) you / not born / Poland → country / live now?

8) you / have / more siblings → what / your childhood / look?

9) the French Revolution / not happen → we / have / capitalism now?

3. Ułóż zdania warunkowe na podstawie podanych opisów sytuacji.

1) She has an elderly aunt she takes care of, so she didn't go on holiday last month.

2) He is absent-minded, so he forgot about our meeting.

3) His boss is telling him off now because he came to work late again.

4) She is gullible, that's why she was so easily fobbed off.
_____

5) We walked for four hours straight, so we are exhausted.
_____

6) The new government has serious problems now because its predecessors left the state finances in disarray.
_____

7) She isn't working with a spark in her eyes because he cooled her ardour with some harsh words.
_____

4. Przetłumacz fragmenty podane w nawiasach na język angielski, stosując *false conditionals*.

1) If _____ (*nie chcesz by twoje nazwisko pojawiło się w gazecie*), you should have told us before we published the article.
2) If _____ (*potrzebowałem rady*), he was always willing to give me some.
3) If _____ (*dużo się uczyła do testu*), she will pass it with flying colours.
4) If _____ (*zażył lekarstwo*), he should be better soon.
5) In summertime, if _____ (*chcieli się ochłodzić*), they jumped into the cold water of the lake.
6) If _____ (*jest uczulona na orzechy*), why didn't she mention it while ordering?

---

abc

absent-minded – roztargniony
ardour – zapał, głębokie zaangażowanie
to cry foul – krzyczeć w proteście
disarray – nieporządek, zamęt
to drop the ball on sth – zawalić/schrzanić coś (tym samym nie wywiązując się ze swoich obowiązków)
to fob sb off – tu: wcisnąć komuś kit

gullible – łatwowierny
inundated with sth – zasypany czymś
to plunge into debt – popaść w długi
predator – drapieżnik
predecessor – poprzednik
to tell sb off – upominać kogoś, karcić kogoś
unattended – bez opieki

Zapoznaj się ze słówkami z następnego rozdziału i rozwiąż krzyżówkę na stronie 186.

Unit 19
The subjunctive

The subjunctive (tryb łączący) jest stosowany w wypowiedziach formalnych po czasownikach i zwrotach wyrażających sugestię, poradę, wymóg, potrzebę lub konieczność. W *the subjunctive* formy wszystkich osób i czasów są takie same jak podstawowa forma czasownika. Tryb ten pojawia się:

- po czasownikach takich jak: **to recommend**, **to suggest**, **to demand**, **to insist**, **to propose**, **to request**, **to require**, **to order**, **to urge**, np. *I recommend* **that he speak** *to me*;
- po zwrotach z przymiotnikiem takich jak **it's important that**, w miejsce *important* mogą pojawić się m.in. **essential**, **necessary**, **appropriate**, **crucial**, **obligatory**, **urgent**, np. *It's crucial* **that you make** *a back-up copy*;
- po rzeczownikach takich jak **order**, **warning**, **proposal**, np. *The boss gave the order* **that everyone be present** *at the annual meeting*.

W trybie łączącym przeczenia tworzymy przez dodanie **not** przed czasownikiem, np. *The nurse recommended* **that I not look** *at the needle*.

Zwróć uwagę zwłaszcza na mało intuicyjne wykorzystanie tego trybu:

- z trzecią osobą liczby pojedynczej, np. *I suggest* **that he do** *it again*;
- w zdaniach w czasie przeszłym, np. *I recommended* **that you see** *a lawyer*;
- z czasownikiem *to be*, np. *I suggest* **that he be** *more careful*;
- w zdaniach w stronie biernej, np. *They demanded* **that the army be withdrawn**.

W mowie codziennej w miejsce *the subjunctive* często stosuje się:

- połączenie **that** + zdanie z **should**, np. *I recommend* **that you should speak** *to him*;
- osobowe formy określonych czasów, np. *They demanded that he* **didn't take** *part in the negotiations*.

The subjunctive występuje w wielu utartych zwrotach. Są to m.in.:

God save the Queen!	Boże, chroń królową!
God bless America!	Boże, błogosław Amerykę!
(God) bless you!	Na zdrowie!
Long live... (e.g. the King)!	Niech nam żyje... (np. król)!
Heaven/God forbid!	Broń Boże!
Heaven help us!	Niebiosa, pomóżcie!; Niech Bóg ma nas w swojej opiece!
So be it.	Niech tak będzie.
Suffice it to say...	Dość/Wystarczy powiedzieć...
be that as it may	tak czy owak, tak czy inaczej
come what may	co by się nie działo
far be it from me	jestem daleki od, nie śmiem

1. Przeformułuj zdania, używając trybu łączącego.

1) They insisted on us holding the meeting as soon as possible.

2) It's essential for her not to disclose any details of the settlement.

3) Once the armistice came into effect, they suggested splitting the country into two independent states.

4) We recommended the restructuring of the company in order to revive profits and compete with new rivals.

5) Removing the brutal, ruthless tyrant was highly desirable.

6) It is vital for an amputee to have a comfortable and well-made artificial limb.

7) They request a delay in the issuance of the mittimus.

8) He demanded to be given back all the family heirlooms recovered by the new owner.

2. Uzupełnij zdania zwrotami z ramki.

> be that as it may • come what may • far be it from me • heaven forbid • long live • so be it • suffice it to say

1) _____ to judge her, but it will be difficult for her to raise an illegitimate child in that community.

2) Remember that if you drop or, _____, lose the package, you will be liable to redress the damage and cover any costs.

3) Well, if acting is what you really want to do in your life and you get a buzz from doing it, then _____.
4) I am going to curl up on the sofa for a good reading session. _____ a good book!
5) It's too long a story to tell now. _____ I eventually got back all my money plus some compensation as well.
6) On this issue, we will not yield to their judgement, _____.
7) You may think he's cut you out of his life, but _____, his memoir is replete with references to you.

3. Uzupełnij tekst. W każdej luce wpisz po jednym słowie.

Dear Margot,

I am writing to address the situation with the property our beloved aunt Amy left us in her will. We initially agreed that it 1) _____ sold and the money we get 2) _____ be split between the two of us. However, I must admit I am beginning to have some second thoughts about it, as I am haunted by the memories of all those good moments I spent in aunt Amy's house as a child, and feel as if I was trying to get rid of the place which gave me such bliss and happiness. 3) _____ it to say, I've realised I don't want to sell it. I contacted my lawyer and he recommended that I 4) _____ you know about my decision as soon as possible so we could find some amicable solution. I understand that under the circumstances it is obligatory that half of the value of the house 5) _____ paid to you, and I am going to fulfil this obligation, come what 6) _____. The only problem is that I don't have that amount of money now, and so I would like to ask you for a deferment of the payment. 7) _____ be it from me to put any pressure on you, but being my cousin, who also spent a lot of time at aunt Amy's place, you have some sentiment about it too, I presume. My mum insists that we 8) _____ face to face and talk about it, so I suggest we 9) _____ a date to discuss all the details. However, if you don't feel like seeing me in person, and would rather leave the matter to our lawyers, so 10) _____ it. I do hope that we will come to some agreement without them, though. Please let me know what you think.

Love,
Katie

amicable – polubowny
amputee – osoba po amputacji
armistice – rozejm, zawieszenie broni
beloved – ukochany, drogi
bliss – błogość, szczęście
to come into effect – wchodzić w życie
deferment (również: **deferral**) – odroczenie
to get a buzz from sth – mieć z czegoś frajdę, emocjonować się czymś
heirloom – pamiątka rodowa
illegitimate child – nieślubne dziecko
issuance – wystawienie (np. dokumentu)
liable – zobowiązany
limb – kończyna
memoir – wspomnienia, pamiętnik
mittimus – nakaz aresztowania
to presume – zakładać, przypuszczać
to redress a damage – naprawiać szkodę
replete with sth – pełny czegoś, wypełniony czymś
to revive – wznawiać, ożywiać
ruthless – bezwzględny, bezlitosny
settlement – ugoda
to yield to sb/sth – poddawać się komuś/czemuś

Rozwiąż krzyżówkę na stronie 186.

notes

Unit 20
Inversion 1

Inwersja lub szyk przestawny, po angielsku *inversion*, polega na odwróceniu kolejności podmiotu i orzeczenia w zdaniu. W języku angielskim elementami, które przesuwa się na pozycję przed podmiotem, są czasowniki modalne (w tym *to be*) i posiłkowe (w funkcji operatorów). Inwersja jest powszechnie używana w pytaniach, ale może pojawić się również w zdaniu oznajmującym. W takim przypadku służy ona wzmocnieniu wypowiedzi i nadaniu jej bardziej formalnego charakteru. Zwykle pojawia się ona w zdaniach z elementem negacji, wyrażonym słowem takim jak *not*, *no*, *little* czy *nowhere*. Należy ją stosować po rozpoczynających zdanie wyrażeniach i słowach:

- **not only**, **not once**, **not until**, np. **Not only did he call** the police, but also the ambulance – Wezwał nie tylko policję, lecz także pogotowie; **Not once did he call me** – Nie zadzwonił do mnie ani razu; **Not until** we finish redecorating, **can you come**[*] – Możesz przyjść dopiero wtedy, gdy skończymy zmieniać wystrój;

- **under no circumstances**, **on no account**, **at no time**, **in no way** w znaczeniu *pod żadnym pozorem* lub *w żadnym wypadku/razie*, np. **Under no circumstances should you do** it; **On no account should they park** here; **At no time would they lie** to me; **In no way are you** responsible for it.

- **barely**, **hardly**, **rarely**, **seldom**, **never**, **nowhere**, np. **Rarely/Seldom do they call us** – Rzadko do nas dzwonią; **Hardly does he go** to work these days – On rzadko obecnie chodzi do pracy; **Nowhere did I go** – Nigdzie nie pojechałem.

- **little**, np. w utartym zwrocie **Little did he know** that... – Zupełnie nie wiedział, że... (*little* w tym kontekście ma to samo znaczenie co *not at all*, natomiast *to know* można również zastąpić czasownikami takimi jak *to suspect*, *to understand* czy *to realise*).

Inwersję stosuje się również w obrębie zwrotów **no sooner... than...**, **hardly/barely/scarcely... when...**, w znaczeniu *ledwie..., gdy...*, np. **No sooner had he finished** one task **than** the boss gave him another; **Barely/Hardly/Scarcely had they left when** the phone rang (po obu wyrażeniach najczęściej używamy czasu *Past Perfect*). Jest ona również używana w wyrażeniach typu *so do I*, *neither do I* oraz w zdaniach z *so*, *neither* i *nor*, gdy pojawiają się one po zaprzeczonym fragmencie, np. We **didn't trust** him, and **neither/nor did** our partners; I will appeal the decision, and **so will** other victims; I **neither** respected him, **nor** did I like his work.

---

[*] Inwersja zawsze jest w zdaniu głównym, nie podrzędnym, dlatego tu jest w dalszej części zdania.

Inwersja może również występować w środku zdania, gdy robimy porównania przy pomocy **as** i **than****, np. *I was exhausted, **as were other runners**; I play more games **than does my sister***. Nie stosujemy inwersji, gdy podmiotem zdania jest zaimek. Porównaj:

*We now know more about this disease **than we did** ten years ago.*

*We now know more about this disease **than did doctors** in the 20th century.*

Nietypowa forma inwersji (bez użycia czasowników posiłkowych) występuje w krótkich zdaniach, które rozpoczynają się od wyrażenia przysłówkowego wskazującego na miejsce lub kierunek, np. **On the windowsill** *sat a black cat*; **Along the street** *marched demonstrators*. Strukturę tę często stosuje się z **here**, **there** i innymi przysłówkami lub partykułami przysłówkowymi. Oto przykłady:

Here comes *the dessert* – Nadchodzi deser;

I've been robbed! **There goes** *100 pounds!* – Okradli mnie! Poszło sto funtów!

Więcej na ten temat przeczytasz w rozdziale 24 dotyczącym frontingu.

Inwersji nie używamy, jeśli negatywny przysłówek lub wyrażenie przysłówkowe na początku zdania odnosi się tylko do rzeczownika, a nie do całej frazy. Porównaj:

Hardly anybody *understood his joke.* – Prawie nikt nie zrozumiał jego żartu.

Hardly does anybody understand *his jokes.* – Rzadko kiedy ktokolwiek rozumie jego żarty.

⚠ Uważaj na typowy błąd!

Dobrze: **No sooner** *had he opened the door* **than** *the alarm went off*.

Źle: ~~No sooner had he opened the door **when** the alarm went off~~.

**Inwersja po *than* jest już rzadka, operator jest częściej na końcu, lub zupełnie pomijany.

1. Wybierz poprawną opcję.

1) We will resume the proceedings only when **are all the disruptions removed / all the disruptions are removed**.

2) No sooner had they entered their house **when / than** shooting erupted down the street.

3) At no time **did he falter / he faltered** in his words, and he delivered a truly powerful speech.

4) Not until **you tell / do you tell** us everything you know about the case, can you leave.

5) Not everybody **did realise / realised** the full gravity of the situation.

6) Under no circumstances **should you / you should** imperil the President's life.
7) **Little / Few** did he suspect that they were monitoring his every move.
8) Not once **I caught / did I catch** him lying.
9) Nowhere in the world **can you / you can** see such awe-inspiring sights.
10) So now, after a month of swearing off candies and chocolate, here **does come / comes** my guilty pleasure!

2. Uzupełnij zdania tak, aby miały takie samo znaczenie co ich pierwotne wersje.

1) He didn't smile at me even once during the whole ceremony.
Not _____ during the whole ceremony.
2) She harboured a grudge against him and avoided meeting him at all costs.
Not only _____ meeting him at all costs.
3) I have never heard a more gut-wrenching testimony in my life! I wanted to cry!
Never _____! I wanted to cry!
4) The conference had just started when the smoke alarm went off.
No _____ the smoke alarm went off.
5) They are not to disturb my sleep in any way.
In _____ my sleep.
6) I had no idea that my family had prepared a surprise birthday party for me.
Little _____ a surprise birthday party for me.
7) As soon as she went outside, it started to rain.
Barely _____ to rain.
8) People seldom visit such wild and barren places where there is no sign of life for miles.
Seldom _____ where there is no sign of life for miles.
9) George disliked novelties and didn't fall for quirky fads.
George didn't _____ for quirky fads.
10) Look, the bride is coming! Everybody, stand up!
Here _____! Everybody, stand up!

3. Uzupełnij zdania, wpisując pasujące słowa i zwroty według własnego pomysłu.

1) Never _____ have I experienced such emotions!
2) In no _____ should you feel inferior to others.

3) Hardly _____ our journey when we had to break it off because Jim twisted his ankle.
4) Not only _____ the most beautiful house in this area, but she also throws the best parties for her friends.
5) Little _____ how much fun could be had if I only dropped my guard a bit!
6) We couldn't hear what he was shouting, _____ make out what he'd written on the cardboard.
7) Under no circumstances am _____ while I am at the video conference.
8) Seldom does _____ so many talents and stay humble at the same time!
9) Not a word _____ about his new project at yesterday's meeting.
10) No _____ my bag than I noticed that my purse was missing.
11) Just as the French love their wine, _____ the English love their beer.
12) Not _____ called me during all this time.

4. Przekształć zdania tak, aby użyć podanych słów i zachować oryginalne znaczenie.

1) There is no situation in which I will betray her trust. **NO**
   Under _____ her trust.
2) They had to secure all the traces before they could move the body. **BEEN**
   Not until _____ move the body.
3) She didn't have a clue why he suddenly started to act totally out of character. **UNDERSTAND**
   Little _____ he suddenly started to act totally out of character.
4) Throughout his whole life, he never acknowledged her as his daughter. **TIME**
   At _____ as his daughter.
5) Returning goods, such as clothes, that bear the marks of use isn't usually possible. **TO**
   Rarely _____, such as clothes, that bear the marks of use.
6) It's imperative that you show your password to nobody. **ACCOUNT**
   On _____ your password to anybody.

7) They got married and very soon she became pregnant with their first child. **HAD**
No sooner _____ pregnant with their first child.

8) He forgot to bring his ID card or passport. **NOR**
He forgot to bring his ID card, _____ bring his passport.

9) Many years had passed before the truth finally came to light. **UNTIL**
Not _____ to light.

10) My application has been rejected. I can forget about my dreams of becoming a tech geek in a big corporation! **THERE**
My application has been rejected. _____ of becoming a tech geek in a big corporation!

---

abc

to acknowledge – uznawać
to act/be out of character – zachowywać się inaczej niż zwykle / nietypowo
at all costs – za wszelką cenę
awe-inspiring – wzbudzający podziw, zachwycający
barren – jałowy, surowy
to bear the marks of sth – nosić ślady czegoś
disruption – zamęt, nieporządek
to drop one's guard – opuścić gardę, przestać się pilnować
fad – moda na coś, trend
to falter – zaciąć się, zawahać się (podczas mówienia)

gravity of the situation – powaga sytuacji
guilty pleasure – grzeszna przyjemność
gut-wrenching – przyprawiający o mdłości, ogromnie niepokojący
to harbour a grudge against sb – żywić do kogoś urazę
to imperil – narażać na niebezpieczeństwo
inferior – gorszy
to make out sth – zrozumieć coś, dostrzec coś
proceedings – obrady
quirky – dziwaczny, swoisty, oryginalny
to swear off sth – odmawiać sobie czegoś, wyrzekać się czegoś
testimony – zeznania (świadka w sądzie)

Zapoznaj się ze słówkami z następnego rozdziału i rozwiąż krzyżówkę na stronie 187.

notes

Unit 21
Inversion 2

W wypowiedziach formalnych w trybach warunkowych można stosować inwersję w miejsce *if*. Spójrz na przykłady w poniższej tabeli.

Tryb	Przykład
1st conditional	*If I go there, I'll inform you.* → **Should I go** *there, I'll inform you.*
2nd conditional	*If I said / If I were to say it now, he'd laugh.* → **Were I to say** *it now, he'd laugh.* *If I were you, I'd agree.* → **Were I you**, *I'd agree.*
3rd conditional	*If I'd gone there, I'd have spoken to him.* → **Had I gone** *there, I would have spoken to him.* / **Were I to have gone** *there, I would have spoken to him.*
mixed conditionals	*If they had thought their decision over, they wouldn't be regretting it now.* → **Had they thought** *their decision over, they wouldn't be regretting it now.*

Inwersja pojawia się również w zdaniach formalnych, literackich i emfatycznych z **so** i **such**, np. **So complicated was the play** *that I didn't get the plot*; **Such was the problem** *that no one knew how to handle it.*

Inwersji należy użyć także w zdaniach rozpoczynających się od konstrukcji ze słowem **only**, takich jak:

Only when...	Dopiero gdy...*
Only if...	Dopiero jeśli...*
Only after...	Dopiero po...*
Only by...	Tylko poprzez...*
Only later...	Dopiero później...
Only once...	Tylko raz...
Only that way...	Tylko w ten sposób...

* Inwersja zawsze występuje w zdaniu głównym, dlatego w wypowiedziach z tymi wyrażeniami jest ona w dalszej części zdania, np. **Only when** *we finish,* **will you be** *able to see the final result.*

---

1. Wybierz wypowiedź, która lepiej pasuje do przedstawionej sytuacji.

1) A mother is speaking to her son.
   a) Should you need my help, just call me.
   b) If you need my help, just call me.

2) A politician running for president is giving a speech.
   a) Only by standing united as a party can we win this election!
   b) We can win this election if we stand united as a party.

3) An excerpt from a novel.
   a) Such was the power of his spell that no living creature could resist it.
   b) His spell had great power. No living creature could resist it.

4) An ending phrase in a business letter.
   a) Should you have any queries, do not hesitate to contact us.
   b) If you have any questions, don't hesitate to contact us.

5) A former classmate is telling a story at a class reunion.
   a) Had it not been for him, I would have failed the exam.
   b) But for him, I would've failed the exam.

6) A friend is talking to another friend.
   a) Were I in your place, I would not beat around the bush.
   b) If I were in your shoes, I wouldn't beat around the bush.

7) A lawyer is summing up his speech in a courtroom.
   a) Were the defendant to have done it, the DNA test would have proved his guilt beyond a shadow of a doubt.
   b) If the defendant had done it, the DNA test would've proved his guilt beyond a shadow of a doubt.

8) A journalist is commenting on a live event.
   a) Wow, only once in my career have I seen a similar goal!
   b) Wow, I have seen a similar goal just once in my career!

9) An eloquent preacher is giving his sermon.
   a) So powerful is the gospel of our Lord that it can sate the greatest hunger of the soul.
   b) The gospel of our Lord is very powerful. It can really help you.

10) A teacher is talking to a student.
    a) Were you to have studied harder, you would have passed the test.
    b) If you had studied harder, you would've passed the test.

2. Przekształć wypowiedzi polityka tak, aby brzmiały bardziej formalnie. Użyj inwersji.

1. If we ceded to the pressure of those in power, that would be the end of the opposition.

2. We will be able to introduce new reforms only when we win the upcoming election.

3. It is such a situation that we all have to tighten the purse strings.

4. If the present economic slump continues, we will face serious challenges in the nearest future.

5. The response to our latest initiative was so positive that we decided to channel the funds to research.

6. If the government had changed their financial policy, we wouldn't have to tackle all these issues now.

1) _____

2) _____

3) _____

4) _____

5) _____

6) _____

3. Przekształć podane wypowiedzi na zdania warunkowe z inwersją, wzorując się na przykładzie.

Przykład: *You'd better stop harbouring dreams of becoming a rock star and get a job.*
Were I you, I'd stop harbouring dreams of becoming a rock star and would get a job.

1) The project doesn't make use of a bold and audacious design, so our company isn't interested in it.

2) In case of any discrepancies, notify us forthwith.

3) We reacted swiftly and firmly, so we managed to avoid a hostile takeover.

4) I advise you not to hesitate even for one moment.

5) There might be some further enquiries, in which case redirect them to our sales department.

6) The local authorities didn't listen to experts, and as a result, they have to look for ways to mitigate the urban sprawl now.

7) Suppose I accepted the first three points of the deal, you would have to offer something better in the fourth one.

8) Maybe you will change your mind. We will be happy to accommodate your wishes.

9) He has a lot of charisma, and that's why I readily agreed to help him.

10) She didn't eat breakfast, so she was ravenously hungry later.

to accommodate one's wishes – spełniać czyjeś życzenia
audacious – śmiały, zuchwały
to beat around the bush – owijać w bawełnę
beyond a shadow of a doubt – bez cienia wątpliwości
to cede to the pressure – ulegać presji
to channel – kierować, przeznaczać
economic slump – zastój gospodarczy
forthwith – natychmiast, niezwłocznie
hostile takeover – wrogie przejęcie
to mitigate – łagodzić
ravenously hungry – głodny jak wilk, niesamowicie wygłodniały
to sate – nasycić, zaspokoić
spell – zaklęcie
swiftly – szybko, bezzwłocznie
the gospel – dobra nowina, ewangelia
to tighten the purse strings – zacisnąć pasa
urban sprawl – niekontrolowane rozrastanie się miast

Rozwiąż krzyżówkę na stronie 187.

notes

Unit 22
Tenses in conditionals

W tym rozdziale omówimy użycie różnych czasów w trybach warunkowych.

→ Czasów typu *continuous* w trybach warunkowych używamy wtedy, gdy mówimy o czynności ciągłej trwającej obecnie (np. *If they **were working** at the moment, the light would be on*) lub w przeszłości (np. *If they **had been working**, the light would have been on*). Forma *continuous* może pojawić się też w drugiej części zdania, informującej o następstwie spełnienia warunku, np. *If I had a lot of money, I **would be lying** on the beach right now*.

→ W pierwszym trybie warunkowym po *if* możemy użyć:
- konstrukcji **to be going to** (szczególnie w wypowiedziach potocznych), np. *If we **are going to** have curry for dinner, we will have to go to the shops to buy the spices*;
- zwrotu z **should** (w wypowiedziach formalnych), który wskazuje na niewielkie prawdopodobieństwo tego, że coś się wydarzy (podobnie jak zwrot *happen to*), np. *If they **should** turn up, I'll tell them where you are*;
- czasu **Present Perfect**, gdy chcemy podkreślić to, że zakończenie jednej czynności jest warunkiem zajścia kolejnej, np. *If **we've done** everything by four, we'll leave earlier than usual*.

→ Jeśli w komunikacji formalnej chcemy wyrazić uprzejmą prośbę lub pragnienie, możemy po *if* zastosować **will/would**, które w takim kontekście znaczy *chcieć* czy *zechcieć*, np. *I would be grateful if you **would send** it to me* – Byłbym wdzięczny, gdybyś zechciał mi to wysłać. *Will* po *if* może również występować w zdaniach, w których mowa o odmowie lub naleganiu, np. *If she won't co-operate, you can't do much I'm afraid*; *If you will bother me with your questions, I will never finish my work!*

→ Zdania czasowe mają podobną konstrukcję do zdań w trybie warunkowym. Zdanie podrzędne jest w nich wprowadzane przez *when, while, as soon as, before, after, until/till, once* itp. Zamiast typowego *Present Simple* w niektórych przypadkach po tych słowach możemy użyć:
- **Present Perfect**, gdy chcemy zaznaczyć, że wcześniejsza czynność skończy się przed następną, np. *We will start wrapping up presents once the kids **have gone** to bed*;
- **Present Perfect Continuous**, gdy chcemy podkreślić, że czynność musi trwać przez określony czas, by coś się wydarzyło, np. *You'll get used to it once **you've been working** here for ten years*;
- **Present Continuous**, gdy mówimy o czynności, która będzie trwała w przyszłości, np. *When **you're driving**, you won't be able to talk on the phone, so call her now*.

1. Wybierz poprawną opcję.

1) If you **should encounter / would encounter** any problems, do not hesitate to contact us.
2) If I had thought about booking the flight earlier, I **would sip / would be sipping** wine in a Parisian café now.
3) If you **have waited / will wait** here, I'll call the manager.
4) If she **hadn't watched / hadn't been watching** that music show at the time, she would have heard the telephone ringing.
5) We'll talk once you **have settled / will settle** down.
6) If we **are going to make / make** it by 7 p.m., you'd better step on it!
7) We would be grateful if you **would send / send** us samples of your products.
8) If he **was changed / were to change** his decision, we would definitely consider making some concessions.
9) Remember to change the filter after you **use / have been using** it for a month.
10) I'd take my car if it **didn't sleet / wasn't sleeting** now.

2. Uzupełnij luki odpowiednimi formami słów z nawiasów, a następnie połącz początki zdań z ich zakończeniami.

1) If he _____ (not / drive) so fast,
2) _____ (you / need) personnel assistance,
3) If I _____ (be / do) mundane tasks like this every day,
4) He will harbour no ill will towards you
5) If you _____ (be) so kind,
6) We would appreciate it
7) If it wasn't such an urgent matter,
8) The fitting-out works will start

a) I _____ (not / talk) to you now.
b) please pass the bread.
c) he wouldn't have skidded off the road.
d) as soon as the construction crew _____ (finish) their work.
e) once you _____ (apologise) to him.
f) if you _____ (send) us contractual terms and conditions.
g) please email the HR department.
h) I would die of boredom!

1. _____ 2. _____ 3. _____ 4. _____ 5. _____ 6. _____ 7. _____ 8. _____

3. Uzupełnij zdania, używając wyrazów podanych w nawiasach w odpowiedniej formie. Jeśli to konieczne, dodaj inne słowa.

1) If he hadn't made that deliberate attempt to toxify their work relationship, she _____ (not / quit) last week.
2) When you _____ (read / terms / contract), we'll discuss any issues that might concern you.
3) If he _____ (not / record / podcast) right now, you could talk to him, but there is a red light on in his studio, so it means he's busy.
4) If we _____ (go / take / case) to court, we'd better hire a good lawyer.
5) You wouldn't have tripped over the hose in the garden if you _____ (look / where / you / go).
6) If you _____ (be / kind), could you help me put this suitcase onto the rack, please?
7) Once you _____ (finish / unpack / groceries), help me set the table, please.
8) Due to the high fees charged by credit card companies, we would appreciate it if you _____ (kindly / use / cash / instead) credit or debit cards.
9) If I didn't have to do this cost breakdown now, I _____ (wander / winding streets / Lisbon) on a city break.
10) If he _____ (keep / interrupt / we), I will file an official complaint.

---

abc

- **concession** – ustępstwo
- **contractual terms and conditions** – ogólne warunki umowy
- **cost breakdown** – analiza/zestawienie kosztów
- **fitting-out works** – prace wykończeniowe
- **to harbour** – żywić, chować (np. urazę)
- **hose** – wąż ogrodowy
- **ill will** – tu: uraza, niechęć
- **mundane** – nudny, przyziemny
- **rack** – półka (np. na bagaż)
- **to skid off the road** – wypaść z drogi
- **to sleet** – padać (o deszczu ze śniegiem)
- **Step on it!** – Gazu!, Przyspiesz!
- **to wander** – włóczyć się, wędrować

Zapoznaj się ze słówkami z następnego rozdziału i rozwiąż krzyżówkę na stronie 188.

Unit 23
Interesting aspects of time clauses

W tym rozdziale przedstawimy kilka ciekawostek związanych z użyciem zdań czasowych.

→ W języku angielskim po **until** (póki, dopóki) możemy użyć:
  - rzeczownika, np. *The students were obliged to submit their assignments **until midnight***;
  - czasu *Past Perfect* dla podkreślenia faktu zakończenia jednej czynności przeszłej przed inną, np. *He waited with his question **until they had reached** the summit*;
  - czasu *Past Simple*, gdy określana czasownikiem czynność trwa równolegle do innej opisanej wcześniej w zdaniu, np. *He whispered soothing words of comfort **until she stopped** sobbing*;
  - czasu teraźniejszego *Present Simple*, gdy odnosimy się do przyszłości, np. *I will not give you my blessing **until he agrees** to cover the costs*;
  - czasu *Present Perfect*, gdy odnosimy sie do przyszłości i chcemy podkreślić fakt zakończenia czynności, np. *Don't jump to conclusions **until you have read** the whole document*.

⚠️ **Uważaj na typowy błąd!**

Dobrze: *I won't leave **until they come back**.*

Źle: ~~*I won't leave **until they won't come back***~~.

→ Bardziej formalnym odpowiednikiem **once** i **as soon as**, o znaczeniu *gdy tylko*, jest wyrażenie **the moment** (w momencie gdy), np. ***The moment** we've finished with the presentations, we'll move on to discuss the budget*.

→ W zdaniach czasowych z przysłówkami **barely**, **scarcely**, **hardly** możemy zastosować inwersję. Porównaj:
  The presentation had hardly begun when the lights went out. = ***Hardly** had the presentation begun when the lights went out.*

→ **As** może wprowadzać zdanie informujące o przyczynie. Występuje wówczas zwykle na początku wypowiedzi, np. ***As** we were running out of time, we went on to the next point*. **As** może też być formalnym odpowiednikiem słowa *while* lub *when* i być używane do zestawiania czynności odbywających się w tym samym czasie, np. *I bumped into her just **as** I was leaving the shop*.

→ Gdy mowa o czynności zakończonej, po **ever since** użyjemy czasu *Past Simple*. Jeśli natomiast czynność lub stan wciąż trwa, stosujemy czas *Present Perfect*, np. ***Ever since** he's been here, he's been disturbing us*.

→ Po użyciu słowa **now** lub połączenia **now that** w funkcji spójnika możemy zastosować czas teraźniejszy lub przeszły, np. **Now that** she is divorced, she will have full control of her life; Why don't you want to ask him about it **now that** he has shown up ready to talk?; **Now that** she was free, she could finally put her plan in action.

→ Ze spójnikami takimi jak **after**, **before**, **(ever) since**, **while**, **when**, **whenever** oraz przyimkiem **on** możemy używać formy gerund, np. Since seeing that film, Jane's got involved in the human rights movement; On entering her house, she sensed something was off; After sitting motionless for twenty minutes, he stood up abruptly and ran out of the room.

→ Spójnik **unless** czasami wprowadza zdania zawierające negację, np. Don't ask me to help you with your homework unless you really can't do it on your own. W takich zdaniach w miejsce *unless* nie można użyć *if... not*.

1. Uzupełnij zdania odpowiednimi formami słów z nawiasów.

1) Ever since we _____ (meet), he's been a rock that I can always lean on.

2) Remember not to give the game away until we _____ (finish) the testing phase.

3) It's just a matter of time before he _____ (get) arrested now that his nefarious activities _____ (be) exposed.

4) Hardly _____ (he / get) the hang of the system when it was changed by the management.

5) It's clear he won't be able to do anything while he _____ (recover) from his injuries.

6) He was head over heals in love with her by the time the party _____ (be) over.

7) They went down the list of mediators until they _____ (find) one agreeable to both parties.

8) She tripped over a stone and fell over as she _____ (run) in the park.

9) I _____ (barely / make) it to the hall when I was ambushed by a group of students.

10) Let's venture into the town before the rush hour _____ (pick up).

2. Uzupełnij zdania słowami i wyrażeniami z ramki, używając każdego z nich dwa razy.

> until • hardly • ever since • the moment • while/as • by the time / before

1) She hasn't been to any shows _____ she has been in London.
2) Remember to get into the shot _____ I give you the cue.
3) There was no privacy in the cell, and he was always present _____ his cellmate used the toilet.
4) It wasn't _____ many months later that the court decision was overturned.
5) _____ had they won the match when one of the players fainted.
6) You will have worked here for five years _____ your visa needs to be renewed.
7) I won't say a word _____ you stop yelling at me.
8) An additional customer support line will be activated _____ we are working on solving the problem.
9) He had published twelve books _____ his writing career came to a sudden halt.
10) The clip has been climbing the charts _____ it was aired on YouTube.
11) She knew he was going to be her husband _____ she laid her eyes on him.
12) They could _____ imagine the economic disruption and other dire consequences that their decision would inevitably entail.

3. Przetłumacz fragmenty zdań podane w nawiasach na język angielski.

1) Jim _____ (*dopiero co przebrnął przez*) a humongous amount of data than his boss gave him another research task.
2) The whole mystery wasn't solved _____ (*przed upływem dwóch lat*).
3) You will see that all eyes will be on her _____ (*w momencie, gdy ona wejdzie do pokoju*).
4) We'd been travelling for three hours _____ (*kiedy nagle złapaliśmy gumę*).
5) She was pondering the right course of action _____ (*podczas gdy pozostali biegali w panice*).
6) _____ (*teraz, kiedy już go lepiej poznałem*), I can admit that my initial reservations were unfounded.

7) They will have finished writing the test _____ (*zanim zadzwoni dzwonek*).

8) _____ (*podczas jazdy pociągiem*) I was listening to music and reading magazines.

9) _____ (*w miarę jak akcja filmu się rozwijała*), he became more and more engrossed in it.

10) I _____ (*dopiero co wyłączyłem komputer, gdy*) I realised I'd forgotten to send an important file to my colleague.

abc

ambushed – osaczony, wciągnięty w zasadzkę
to be one's rock – być czyjąś opoką / czyimś oparciem
to come to a halt – zatrzymać się
cue – tu: sygnał do rozpoczęcia czegoś
dire – straszliwy, przerażający
engrossed – pochłonięty
to entail – pociągać za sobą
to get into the shot – wchodzić w kadr
to get the hang of sth – połapać się w czymś, zrozumieć coś

to give the game away – zdradzić coś, wygadać się
humongous – ogromny
inevitably – nieuchronnie
to lean on sb – opierać się na kimś, polegać na kimś
nefarious – niegodziwy, niecny
to overturn – unieważniać
to ponder – rozważać, zastanawiać się
unfounded – nieuzasadniony, bezpodstawny
to venture – zagłębiać się, zapuszczać się

Rozwiąż krzyżówkę na stronie 188.

notes

Unit 24
Fronting

Fronting służy zaakcentowaniu wybranej informacji w zdaniu poprzez przeniesienie jej na początek, np. **On the pillow** lay the cat; **Just in time** we caught the train. Zabieg ten jest jednak częściej stosowany w literaturze niż w mowie codziennej.

Za pomocą przedniego szyku wyrazowego wyróżniamy zwykle:
- okoliczniki, np. **Down the road** went the car; **Beautifully** she sang;
- dopełnienia, np. **That answer** I didn't expect; **A great deal** he made;
- zdania podrzędne wprowadzone zaimkami takimi jak *what*, *who*, *where* czy *how* np. **What he said** nobody remembers.

W zdaniu o przednim szyku wyrazowym stosujemy inwersję, gdy podmiotem nie jest zaimek osobowy, a główny czasownik jest nieprzechodni (niewymagający dopełnienia) i wyraża trwanie lub stan podmiotu (*to be, to live, to stand, to sit* itp.) lub jego ruch (*to run, to go, to fly, to crawl* itp.), np. *Completely wrong* **was John**, ale *Completely wrong* **he was**.

Fronting stosujemy również z partykułami przysłówkowymi lub przysłówkami:
- gdy dajemy instrukcje, np. *Out you come!* (popularna jest zwłaszcza fraza **Off you/we go!**, znacząca *Idź już! / Chodźmy już!*, *Zmykaj!/Zmykamy!* lub *W drogę!*);
- gdy opisujemy wydarzenia lub chcemy ubarwić narrację z użyciem **now**, **first**, **next**, **then**, **finally**, np. *First comes an introduction, then goes the rest*;
- w połączeniu z **as** lub **though**, np. *Stormy as it was, I went for a walk*; *Fast though she typed, she didn't manage to note down everything*.

Aby wypowiedź była bardziej zrozumiała, w długich zdaniach z przednim szykiem wyrazowym można zastosować zaimek w funkcji dopełnienia. Wymaga to jednak użycia przecinka po pierwszej części zdania, np. *That hat you lost, I found* **it** *in reception*.

1. Uzupełnij zdania słowami i wyrażeniami z ramki.

> Rarely • In front of us • Into the room • How they managed to dupe the officials • In the middle of the room • This type of behaviour • A very expensive watch • On the threshold of my flat • That cinema I told you about • An arm and a leg

1) _____ lay a mysterious package, addressed to me.
2) He keeps berating her and calling her names. _____ I will not put up with anymore.

3) _____, it uses 4DX® technology, which enables you to submerge yourself in the plot with all your senses, thanks to moving seats, lighting and smell effects, and a system of water and wind nozzles.

4) _____ rushed a visibly verklempt mother of the groom.

5) _____ stretched a bucolic meadow full of spring flowers in full bloom, which took our breath away.

6) _____ it must have cost!

7) _____ have I heard him commiserate about the refugees' status.

8) I bought a Patek Philippe watch last week. _____ it was.

9) _____ nobody knows.

10) _____ stood a solitary wooden trunk.

2. Przekształć poniższe zdania tak, aby zastosować przedni szyk wyrazowy.

1) I couldn't resist such a bargain!
   _____

2) Nobody remembers what started this stupid feud.
   _____

3) I didn't trust him for a second.
   _____

4) There is a spacious, airy room next to the kitchen.
   _____

5) My hopes of finding an affordable place to live are gone.
   _____

6) That's all. You can trot off.
   That's all. _____

7) I couldn't stop staring at the palm trees lining the road. They were humongous!
   I couldn't stop staring at the palm trees lining the road. _____

8) He caused quite a commotion with his dissent.
   _____

9) The balloon flew up in the air.
   _____

10) The initials of the lovers were carved in the white bark of the birch.
    _____

3. Przetłumacz fragmenty zdań podane w nawiasach na język angielski.

1) Just round the corner of my street _____ (mieszka moja bratowa).
2) I mounted the stairs and _____ (ona tam była).
3) _____ (Zmykaj)! I will finish this part for you.
4) Never _____ (w życiu nie czułam się) so humiliated!
5) The trousers you showed me in the mall, _____ (one są sprzedawane online z rabatem).
6) _____ (pod koniec szlaku znajdowały się malownicze zakręty) and a tranquil valley.
7) Out of the tunnel _____ (wyjechał pociąg towarowy) carrying coal and iron ore.
8) _____ (to, że w jej wieku zdobyła czarny pas w taekwondo) is just mind-boggling!
9) All the students are familiar with IT tasks, _____ (ale szczególnie kumaty technologicznie jest Jim).
10) _____ (co on teraz zrobi) I haven't got a clue.

4. Przekształć każde z poniższych zdań, używając dwóch słów z ramki A oraz odpowiednich form dwóch czasowników z ramki B zgodnie z przykładem.

Przykład: A suspicious man walked very slowly and my fears started to creep in on me.
Along plodded a suspicious man and in crept my fears.

A

~~along~~ • ~~in~~ • up (2x) • down (2x) • back • out • away • off

B

~~plod~~ • ~~creep~~ • go (3x) • fall • come (2x) • jump • rush

1) Lower exchange rates of the Swiss franc have brought fresh hope to millions of mortgagees.
   _____

2) When the hurricane was over, people started to smile again.
   _____

3) The play ends with him rushing out of the room, then the curtain falls down.
   _____

4) The sound of the alarm clock made me jump in my bed.
   _____

to berate – krytykować, strofować
birch – brzoza
bucolic – sielankowy
to commiserate – mówić współczującym tonem
commotion – zamieszanie, tumult
dissent – sprzeciw, protest
to dupe sb – nabrać/oszukać kogoś
feud – spór, waśń, konflikt
freight train – pociąg towarowy
in full bloom – w pełnym rozkwicie
iron ore – ruda żelaza
mind-boggling – zadziwiający, niepojęty
to mount – wchodzić (np. po schodach)
nozzle – dysza
to plod along – wlec się
savvy – obeznany, kumaty
solitary – tu: jeden, jedyny, samotny
to submerge oneself in sth – zatapiać/zanurzać się w czymś
threshold – próg
tranquil – cichy, spokojny
to trot off – tu: odmaszerować
verklempt – przejęty, rozemocjonowany

Rozwiąż krzyżówkę na stronie 189.

Unit 25
Omission & nominative absolute

Aby wypowiedź była krótsza lub miała wydźwięk bardziej emfatyczny, wybrane elementy zdania mogą zostać zastąpione lub pominięte.

→ W celu uniknięcia powtórzenia orzeczenia używamy słowa **so**, które w języku potocznym jest często zastępowane przez **it** lub **that**, np.:

*I've been asked to initial all the pages, and I did **so**.* – Poproszono mnie, bym zaparafował każdą stronę, i tak zrobiłem.

*They won the finals last year. The chances of doing **it**/**that** this year are slim.*

→ Pragnąc uniknąć powtórzeń, możemy zastępować część zdania operatorem dopasowanym do osoby i czasu gramatycznego, który zostałby zastosowany w domyślnej wersji wypowiedzi, np.:

*She says he lies to me, but I trust that he never **has*** (w miejsce: *...that he has never **lied to me***).

*Everybody's already had some beer, so why **won't** you* (w miejsce: *...why won't you **have some beer**)?*

→ Można również pomijać części zdań po czasownikach łączących się z bezokolicznikami:

*I could go with you to the concert, but I'm not sure if I really want **to*** (w miejsce: *...if I really want **to go**).*

*I was going to call you, but I forgot **(to)*** (w miejsce: *...but I forgot **to call you**).*

Cząstka **to** może, ale nie musi wówczas pozostawać przy czasowniku. Jej zastosowanie jest obowiązkowe tylko w przypadku czasowników wymagających dopełnienia (np. *to advise, to expect, to need*) oraz przeczeń z czasownikami takimi jak *to want* i *to like*. Porównaj:

*I didn't get a good grade, although my parents expected **me to**.*

*She didn't help me because she didn't want **to**.*

ale: *You can mix everything up if you like **(to)**.*

→ Istnieje możliwość pomijania zaimka i czasownika *to be* w części podrzędnej zdań złożonych ze spójnikami **(as) if**, **unless**, **when**, **while**, **until**, **once**, **although** i **though**, np.:

Though/Although costly, *this dress is worth buying* (w miejsce: *Though/Although it is costly...*).

While on holiday, *we only rest* (w miejsce: *While we are on holiday...*).

If required, *we can send you all the documents you need* (w miejsce: *If it is required...*).

*It suddenly disappeared **as if by magic*** (w miejsce: *...as if it was by magic*).

→ W zdaniach przydawkowych z imiesłowami możemy pomijać zaimki względne i czasownik *to be*, a pozostawiać jedynie *present participle*, *past participle* lub *being + past participle* w formie zwykłej przydawki, np.:
> **The boys taking part in** the competition are all here (w miejsce: *The boys that are taking part in...*).

→ Wypowiedź można też skrócić dzięki użyciu **nominative absolute**. To zazwyczaj krótkie wyrażenie zastępujące zdanie podrzędne, złożone z podmiotu i imiesłowu. Może ono wyrażać przyczynę, czas lub okoliczności danej czynności, np.:
> **The house cleaned**, she sighed contentedly. – Posprzątawszy dom (dosł. dom posprzątany), westchnęła z zadowoleniem;
> **Two days having elapsed**, I resumed the search. – Gdy minęły dwa dni, wznowiłem poszukiwania;
> He walked, **his dog running** next to him. – Szedł, a jego pies biegł obok niego.

1. Przekształć zdania tak, aby uniknąć powtórzeń.

1) I have done the dishes three times this week, so why won't you do the dishes today?
   _____

2) If some extra training is required, we will arrange for some extra training for you.
   _____

3) She asked me to change her name in the article for fear of reprisals, and I changed her name in the article.
   _____

4) He didn't choose medical studies even though his parents expected him to choose medical studies.
   _____

5) Unless he is antagonised, he should do the job without demur.
   _____

6) You didn't want me to look into that case, so I'm not looking into that case.
   _____

7) While we were in court, we could feel the palpable venomousness between the antagonistic spouses.
   _____

8) You can use my outdoor pool and jacuzzi if you want to use my outdoor pool and jacuzzi.
   _____

2. Skróć podane zdania, stosując *nominative absolute*.

1) When the storm subsided, they went outside and continued their work.
   _____, they went outside and continued their work.
2) When ten days had elapsed, the police ceased the search for the body.
   _____, the police ceased the search for the body.
3) They presented a sorry sight because their filthy clothes were in shreds and tatters.
   _____, they presented a sorry sight.
4) As new evidence arrived, the court meeting was adjourned until the next day.
   _____, the court meeting was adjourned until the next day.
5) The soldiers marched their way through the town, while the band was playing *The Army Song*.
   The soldiers marched their way through the town, _____.
6) After my work for the day was over, I took my dog for a long walk in the forest.
   _____, I took my dog for a long walk in the forest.
7) Once her boss had given his consent, Kate started working from home.
   _____, Kate started working from home.
8) If the weather permits, we will hold the wedding reception outside.
   _____, we will hold the wedding reception outside.
9) When the last words of the actor were uttered, the audience leapt to their feet in a thunderous standing ovation.
   _____, the audience leapt to their feet in a thunderous standing ovation.
10) We shall meet again if that is God's will.
    _____, we shall meet again.

3. Znajdź w tekście miejsca, w których można dokonać zmian polegających na zastąpieniu lub pominięciu elementów zdania w celu uniknięcia powtórzeń. Zaproponuj odpowiednie poprawki.

Once you become a primary school pupil, you become involved in discovering the unknown and absorbing novel ideas. You want to learn new exciting things and explore the world around you, but the hopes of learning new exciting things and exploring the world are not always fulfilled. Although lessons are full of various tasks, the lessons may sometimes be boring, especially if you have wider interests or a shorter attention span. As I was wild at heart, I was often uninterested in what the teacher was saying, and preferred to find more exciting things to do. One day, while my friend and I were at school, my friend and I discovered that we could easily slip out of the school premises, and we slipped out of the school premises during a break. It was easy because the caretakers, who were occupied with cleaning the floors, were not paying any attention to us. I talked my friend into skipping the last two lessons and going to my house instead, which she did, although she did not do it without some bribery (I promised to let her play with my brand-new doll). We had a blast, but the next day we got a particularly nasty reality check, when it turned out that the usually forgetful PE teacher had taken the register, as if it was by sixth sense, and spotted our absence. My friend said we should confess to our older sisters, but I didn't plan to confess to my older sister. The end result was she got a proper spanking as her parents had learnt about our truancy, but mine never learnt about our truancy. And now, even if they learn about our truancy, it's too late to give me a spanking!

---

to adjourn – przełożyć, odroczyć
attention span – okres koncentracji uwagi
to cease – przerywać, zaprzestawać
to elapse – upływać, mijać
to have a blast – dobrze się bawić
in shreds and tatters – w strzępach
palpable – wyczuwalny
reprisal – zemsta, odwet

spanking – lanie
spouse – małżonek/małżonka
to subside – tu: uspokajać się (o burzy)
to take the register – sprawdzać obecność (np. w szkole)
to talk sb into doing sth – namawiać kogoś do zrobienia czegoś
without demur – bez sprzeciwu
venomousness – jadowitość

Zapoznaj się ze słówkami z następnego rozdziału i rozwiąż krzyżówkę na stronie 190.

Unit 26
Relative pronouns

Przypomnij sobie niektóre kwestie związane z użyciem zaimków względnych:

→ Gdy mowa o rzeczownikach nieżywotnych, **whose** możemy zastąpić konstrukcją **rzeczownik + of which**, np. *The car **whose wheels** are wobbly... = The car the **wheels of which** are wobbly...*

→ Jeśli podmiot zdania wprowadzonego przez zaimek względny *that* jest jednocześnie podmiotem zdania nadrzędnego, nie możemy pominąć tego zaimka. Można to zrobić jedynie, gdy jest on dopełnieniem zdania. Porównaj przykłady:

Nie można pominąć zaimka	Można pominąć zaimek
The mug that was on my desk is broken now.	*The mug (that) you bought is broken now.*

→ W zdaniach złożonych przyimki najczęściej umieszczamy na końcu, choć mogą też pojawić się tuż przy zaimkach względnych, co nadaje wypowiedzi formalny ton. Jeśli przyimek pojawia się przed zaimkiem względnym, z rzeczownikami żywotnymi stosujemy zaimek **whom**, a z nieżywotnymi – **which** (w takich zdaniach nie pojawi się *that*). Zaimek **whose** stosowany jest zarówno z rzeczownikami żywotnymi, jak i nieżywotnymi. Porównaj przykłady:

Mowa oficjalna	Mowa codzienna
*We would like to have a partner **on whom** we can always rely.*	*We would like to have a partner **(who)** we can always rely **on**.*
*This is the author **by whose** work I've always been inspired.*	*This is the author **whose** work I've always been inspired **by**.*
***In which** part of the city do you live?*	***Which** part of the city do you live **in**?*

W krótkich pytaniach, w których nie ma czasownika, przyimek pojawia się zwykle na początku, np. ***On** which floor?* (Ale: *What **for**?*)

→ W połączeniu z określeniami ilości lub liczby, takimi jak liczebniki czy słowa **most** i **both**, używamy zaimków względnych **whom** i **which**, ponieważ pojawiają się one po przyimku *of*. Jeśli określenie ilości lub liczby rozpoczyna nowe zdanie, należy zastosować zaimki dopełnieniowe. Porównaj: *They caught ten people, **most of whom** were men. = They caught ten people. **Most of them** were men.*

→ Gdy zaimek względny odnosi się do całego zdania, stosujemy **which**, np. *I'd like to be a painter, **which** my parents don't really approve of.* Typowym błędem byłoby użycie w takim kontekście *what*.

→ Gdy mowa o miejscu, możemy użyć zaimka **where** lub **przyimka + which**. Jeśli odnosimy się do czasu, stosujemy **when** lub np. **in/on/at which**. Gdy mowa o metodzie na coś, możemy sięgnąć po **whereby** (np. *There is a system **whereby** you can advertise for free*) lub **on/in/by which**.

→ Pamiętaj, że należy używać zaimka **whom** w odniesieniu do ludzi zawsze wtedy, gdy pojawia się przed nim przyimek (np. *with whom, about whom, all of whom, both of whom, six of whom*). W innych przypadkach zaimek *whom*, jako synonim *who*, jest obecnie używany głównie w mowie oficjalnej lub bardzo starannej.

→ W połączeniu z **all** oraz **everything/something/anything/nothing** używamy zaimka **that**, nie ~~what~~, np. *Everything (that) he told me was a lie.*

→ Zapamiętaj też te przydatne połączenia zawierające zaimki względne:

Połączenie z zaimkiem	Przykłady
which is why/when/ how/where/what	*He was blind, **which is why** he couldn't do many things on his own.* *I was pushed under a waterfall, **which is how** I learnt to swim.* *You really must visit Rome, **which is where** I'm planning to take my wife this year.*
in which case	*The game goes on until one player scores a point, **in which case** the roles reverse.*
at which point	*To make matters worse it started to rain, **at which point** I was ready to go back home.*
as a result of which	*There was a coup d'état, **as a result of which** the President was overthrown.*

1. Uzupełnij zdania, zaznaczając wszystkie poprawne odpowiedzi.

1) The politician visited the Auschwitz Nazi death camp, _____ many people had been forced into horrific medical experiments.
   a) when   **b)** where   **c)** in which   **d)** from whose

2) Her classmates, _____ live in her neighbourhood, declared that they would help her with the schoolwork once she came back from hospital.
   a) who   **b)** none of whom   **c)** some of who   **d)** that

3) Al Capone was arrested and imprisoned in 1929, _____ he had earned a reputation for being the most notorious mobster in the Prohibition Era.
   a) when   **b)** by which time   **c)** since when   **d)** at which point

4) The crew _____ rows the fastest will get to choose the treat.
   a) whom   b) who   c) which   d) that

5) The play, _____ I can't recall now, explores the subject of body image.
   a) its title   b) whose title   c) which title   d) the title of which

6) There were some profanities in the song's opening lines, _____ is what may have caused the radio ban on the record.
   a) which   b) that   c) why   d) in which case

7) This is the heavyweight boxer with _____ he has never sparred.
   a) who   b) that   c) whom   d) whose

2. **Połącz dwa zdania pojedyncze w jedno złożone, używając zaimków względnych.**

1) My aunt sent me china cups. All of them were hand-painted.

2) There were a lot of celebrities at the event. I recognised some of them from TV.

3) We saw some amazing sculptures at that gallery. Unfortunately, none of them were for sale.

4) My parents approve of my music career. Neither my mother nor my father is an artist.

5) The professor's remarks caused a wave of indignation among the students. The vast majority of the students later boycotted his lectures.

6) He writes really gripping novels. Directors have already adapted several of his novels to stage.

7) They decided to invest money from their two retirement funds. Both of these funds had been completely decimated by the time the deal turned out to be a scam.

8) She criticised his use of language in front of his boss. What she did was petty and spiteful.

3. Przekształć zdania tak, aby użyć zaimków względnych. Podaj po dwie możliwe wersje odpowiedzi: mniej (a) i bardziej formalną (b).

1) This is my friend, and I made this necklace for her.
   a) _____
   b) _____

2) The forensic experts are examining the surfaces where he might have left his fingerprints.
   a) _____
   b) _____

3) We've been waiting for this moment, and we can finally enjoy it now!
   a) _____
   b) _____

4) These are the new responsibilities, and all of us will have to adjust to them.
   a) _____
   b) _____

5) He is her chess arch-rival because she has always competed with him.
   a) _____
   b) _____

6) She only baulks at scaling fish.
   a) _____
   b) _____

4. Przekształć każde ze zdań w taki sposób, aby użyć zaimka *which* w połączeniu z czasownikiem *to be* oraz *where*, *why*, *what*, *when* lub *how*.

1) I didn't like working with her because she would always try to pass the buck.
   _____

2) He gave her a huge diamond ring, and that was something she'd always dreamt of.
   _____

3) They went to Venice for the weekend, and that was the place where he decided to propose to her.
   _____

4) He started bragging about his escapades, and it was then that I knew he was just full of hot air.
   _____

5) My friend had accidentally spilled the beans, and that's how my parents learnt about my pregnancy.
   _____

5. **Uzupełnij każde ze zdań tak, aby zachować znaczenie pierwowzoru.**

1) When she accused him of neglecting her needs, he gave in to her whims.
   She accused him of neglecting her needs, at _____.

2) There were a lot of casualties, and most of them were seriously injured.
   There were a lot of casualties, the _____.

3) The manager doesn't like her because she has never been one to shy away from voicing her dissatisfaction.
   She has never been one to shy away from voicing her dissatisfaction, _____
   _____.

4) We will use a marquee if it rains on the wedding day.
   It might rain on the wedding day, in _____.

5) He is giving a series of lectures to familiarise the public with the concept of guerrilla gardening.
   He is giving a series of lectures, the _____
   _____.

6) The teacher was taken aback by a sudden outburst of laughter from one of the students.
   One of the students suddenly burst out laughing, _____
   _____.

7) This is the woman whom I'm begging for forgiveness now!
   This is the woman for _____!

abc

arch-rival – największy rywal
to baulk at sth – wzdragać się przed czymś
to be full of hot air – gadać głupoty, być kłamcą, składać obietnice bez pokrycia
to be taken aback – zostać zaskoczonym
coup d'état – zamach stanu
to decimate – dziesiątkować
forensic expert – biegły medycyny sądowej
indignation – oburzenie
marquee – duży namiot ogrodowy

mobster – gangster
to pass the buck – przerzucić na kogoś odpowiedzialność (za coś)
petty – tu: małostkowy
profanity – przekleństwo, profanacja
to scale – czyścić z łusek
to shy away from sth – cofać się przed zrobieniem czegoś
to spar – boksować się, toczyć sparing
to spill the beans – wygadać się, puścić farbę
whim – kaprys, zachcianka

Rozwiąż krzyżówkę na stronie 190.

Unit 27
Use of singular & plural verb forms

Oto kilka zagadnień związanych z użyciem liczby pojedynczej i mnogiej czasowników:

→ Czasownik w zdaniu podrzędnym wprowadzonym przez **what** zwykle jest w liczbie pojedynczej. W języku potocznym może to zależeć od liczby rzeczownika, który stoi za nim, np. *What we need **is/are** scissors, some pieces of paper and sticky tape.*

→ Gdy mowa o grupach lub instytucjach jako jednostkach organizacyjnych, stosujemy czasownik w liczbie pojedynczej. Jeśli natomiast odnosimy się do poszczególnych członków danej grupy, wówczas używamy czasownika w liczbie mnogiej. Zasady te można zastosować do rzeczowników takich jak m.in.: **crew**, **group**, **public**, **audience**, **department**, **government**, **team**, **council**, **family** (w amerykańskiej odmianie używana jest zwykle tylko liczba pojedyncza).

→ Nazwy, które mają formę liczby mnogiej, ale odnoszą się do jednej rzeczy (np. kraju, obrazu, książki), stosowane są z czasownikiem w liczbie pojedynczej, np. *The Netherlands **is** smaller than Poland.*

→ Jeśli w zdaniu pojawia się konstrukcja **either... or...** lub **neither... nor...**, a także:
- oba rzeczowniki są w liczbie pojedynczej, to czasownik jest w liczbie pojedynczej (np. *Either a dress or a skirt **is** fine*), choć w języku potocznym w takim kontekście zdarza się również użycie liczby mnogiej (*...**are** fine*);
- tylko drugi z rzeczowników jest w liczbie mnogiej, to czasownik jest w liczbie mnogiej (np. *Either a jacket or trousers **are** fine*);
- tylko pierwszy z dwóch rzeczowników jest w liczbie mnogiej, to czasownik może wystąpić zarówno w liczbie pojedynczej, jak i mnogiej (np. *Either trousers or a dress **are/is** fine*).

→ Gdy po **none/neither/either/each of** stawiamy rzeczownik lub zaimek w liczbie mnogiej, możemy użyć czasownika w liczbie pojedynczej (bardziej formalnie) lub mnogiej (bardziej potocznie), np. *Neither of them **was/were**...* Jeśli rzeczownik jest niepoliczalny, stosujemy czasownik w liczbie pojedynczej.

→ Po **every** używamy czasownika w liczbie pojedynczej, nawet jeśli pojawią się po nim dwa rzeczowniki, np. *Every cat **needs**...*; *Every cat and dog **needs**...*

⚠ Uważaj na typowy błąd!

Dobrze: *Everyone likes/has...*
Źle: ~~*Everyone like/have...*~~

> Gdy mowa o liczbach jako jednostkach miary lub czasu, traktujemy je jako jedną całość i stosujemy z nimi czasowniki w liczbie pojedynczej, np. *Two thirds is not much, is it?* W języku codziennym stosuje się również liczbę mnogą w kontekście większych liczb, np. *Only 50 metres **separate(s)** our house from theirs.*

Zapamiętaj również następujące wskazówki (na przykładzie rzeczownika *people*):
- połączenia **most** *(of the) people* oraz **the majority of** *the people* łączą się z czasownikiem w liczbie mnogiej;
- po wyrażeniu **a number of** *people* stawiamy czasownik w liczbie mnogiej (ponieważ podmiotem jest rzeczownik w liczbie mnogiej – *people*);
- połączenie **the number of** *people* łączy się z czasownikiem w liczbie pojedynczej, np. *The number of people who are unemployed is high* (ponieważ tu podmiotem jest rzeczownik w liczbie pojedynczej – *number*).

1. Uzupełnij zdania formami czasu *Present Simple* lub *Present Perfect* czasownika *to be* w liczbie pojedynczej lub mnogiej. Tam, gdzie można użyć dwóch form, zapisz obie z nich.

1) Nobody would like to live in a country where every thought and word _____ controlled.
2) I think that either prawns or a tomato tartare _____ a good choice as a starter.
3) He says that his favourite moment is when the audience _____ already seated, waiting for the play to start.
4) A number of my friends _____ coming tonight to celebrate my success.
5) I'm sorry, but two hours _____ too long for me to wait.
6) The majority of inmates held in federal prisons _____ convicted of drug offences.
7) Neither my brother nor my parents _____ ambidextrous, although I am.
8) The famous "Sunflowers" by Vincent Van Gogh _____ actually the second series of sunflowers paintings, painted with only three shades of yellow.
9) The local council has determined that the number of passengers using the services _____ not sufficient to justify their continuation.
10) Archaeological evidence suggests that the Philippines _____ inhabited for over 700 000 years.
11) Only 200 metres _____ between my house and the riverbank.
12) Hurry up, everybody _____ waiting for you!

2. Uzupełnij zdania czasownikami z ramki w odpowiedniej formie.

> continue • need • boast • cause • be • increase • have • employ

1) The Netherlands _____ the highest consumption of liquorice in the world: two kilos per person per year.
2) 14 000 miles _____ the world's longest walking distance: you can walk from Magadan in Russia to Cape Town in South Africa without the need to fly or sail.
3) The number of twin births _____ by one-third since the '80s, from 9 to 12 twins per 1000 deliveries. This is connected with the use of medically assisted reproduction techniques and a delay in childbearing.
4) The majority of casinos and shopping malls _____ the design strategy called *the Gruen transfer* to deliberately disorient visitors, causing them to lose track of time and ultimately spend more money in the venue.
5) Contrary to popular belief, neither your fingernails, nor your hair _____ to grow after you die. In fact, the skin around the hair follicles and nails dehydrates and partly retracts, which can make them appear longer.
6) Every sign and symbol in punctuation _____ a special name, even the tiny dot above the "i" or "j" letters. It is called a "tittle" and originates from the 17th century phrase "to quote somebody to a tittle".
7) Buckingham Palace staff _____ to undergo three-year training in order to get a Footman's Certificate – required if you want to be employed by royal families.
8) Rabies _____ hydrophobia, where just the thought of drinking water or seeing it results in intense clench throat spasms, so the victim cannot swallow their saliva.

3. Przetłumacz fragmenty podane w nawiasach na język angielski.

1) Some sailors managed to swim to the shore on their own while _____ _____ (reszta załogi została uratowana) by the coast guard.
2) _____ (większość luksusów w naszym życiu jest) actually dispensable and might be a hindrance to the elevation of mankind.
3) I was hoping to start the day on a high note, but _____ _____ (ani pogoda, ani wiadomości nie były przyjemne).
4) Few people know that *Star Wars* _____ (mają wiele bezpośrednich odniesień do) *the Godfather,* which results from George Lucas' friendship with Francis Ford Coppola.

5) I'm a bit disappointed that _____
_____ (*komisja chce tylko kanapki, twierdząc, że nie jest głodna*),
as I arranged some catering.
6) Don't go bonkers over that meeting! I'm sure _____
_____ (*wszyscy już zapomnieli*) about your blunder.
7) According to research, four and a half hours _____
_____ (*to maksymalny czas, w którym*) the effects of a stroke can be
reversed, counting from the onset of symptoms.
8) We admit it was an ignominious defeat, but the team _____
(*ma nadzieję wygrać*) next time.
9) I'm afraid that either your advisors or your deputy _____
(*jest zamieszany w sprawę*) which we are currently investigating.
10) Residents are reluctant to evacuate, despite the fact that _____
_____ (*wydano już szereg ostrzeżeń*) about the hurricane.
11) The United Arab Emirates _____ (*mają flotę
policyjną obejmującą*) Lamborghinis, Ferraris and Bentleys, which enables the police
to catch speeders who can outrun other cars.
12) _____ (*wszyscy marzą o sławie
lub bogactwie*), but few actually get it in life.

---

abc

ambidextrous – oburęczny
blunder – gafa, nietakt
childbearing – macierzyństwo
deputy – zastępca
dispensable – zbędny
elevation – uwznioślenie, podniesienie rangi
to go bonkers – wariować
hair follicle – mieszek włosa
hindrance – przeszkoda, bariera

ignominious – upokarzający, sromotny
inmate – osadzony, więzień
liquorice – lukrecja
on a high note – w przyjemny sposób
onset of symptoms – wystąpienie pierwszych objawów
to retract – cofać się
saliva – ślina

Zapoznaj się ze słówkami z następnego rozdziału i rozwiąż krzyżówkę na stronie 191.

Unit 28
Reading numbers

Oto kilka ciekawostek dotyczących liczb, dat, miar, nominałów, wyników sportowych i wartości matematycznych w języku angielskim:

→ Ułamki dziesiętne zapisuje się po kropce, nie jak w języku polskim – po przecinku. Porównaj zapis tej samej liczby:

W języku angielskim	W języku polskim
12 000.04	12 000,04

→ Ułamki dziesiętne czytamy jak zestawy osobnych cyfr wprowadzonych słowem **point**, np. *1.75* – *one point seven five* (nie mówimy: *one point seventy five*). Jeśli taki ułamek jest liczbą mniejszą od zera, możemy początkowe zero pominąć i zacząć od *point*, np. *0.25%* – *(nought/zero*) point two five per cent*.

→ Ułamki zwykłe czytamy jak połączenie liczebnika głównego z liczebnikiem porządkowym, np. *⅕* – *one/a fifth*, *⅖* – *two fifths*. Wyjątkami są: *½* – *a/one half*, *¼* – *a/one quarter*, *¾* – *three quarters*.

→ Liczby mnogiej słów takich jak *hundred, thousand, million, billion* używamy tylko w przypadku, gdy nie odnoszą się one do konkretnej liczby, np. *Hundreds of people reacted to his post; Millions are spent on education* (ale: *seven million people, three hundred letters* itd.).

→ Potocznie słowo *grand* znaczy *tysiąc*.

→ Niektóre nominały banknotów i monet mają swoje potoczne określenia, np. *$5* – *five bucks*, *£5* lub *$5* – *a fiver*, *£2* – *two quid*, *1p* – *a penny*, *5c* – *a nickel*, *10c* – *a dime*, *£10* – *a tenner*.

→ Podając daty, należy pamiętać, że *1905* czytamy jako *nineteen oh five*, natomiast *1900* jako *nineteen hundred*.

→ Jeśli mówimy o okresie dłuższym niż na przykład jeden rok, to po liczbie dodajemy słowo *years*, nie *year*, np. *2.5 years* (dwa i pół roku).

→ Skale map podajemy ze słowem *to*, np. *1:3000* czytamy jako *one to three thousand*. O rozdzielczości natomiast mówimy, używając słowa *by*, np. *4:3* – *four by three*, *16:9* – *sixteen by nine*. Podobnie podajemy wymiary pokojów lub ram.

→ Numery pokoi hotelowych czytamy jako zestawy osobnych cyfr, np. *room 210* – *room two-one-zero / two-one-oh* (choć można też powiedzieć *room two-ten*). Podobnie czytamy numery telefonów, np. *601 808 234* – *six-oh-one-eight-oh-eight-two-three-four*.

---

* Słowo **nought** jest używane przez Brytyjczyków, a **zero** – przez Amerykanów.

→ Sposób podawania wyników rywalizacji sportowych zależy od dyscypliny. W piłce nożnej wynik meczu *1-0* przeczytamy jako *one-nil*, *0-0* jako *nil-nil*, a *2-2* jako *two-all*. W tenisie *0* to *love*, czyli wynik *0-30* czytamy jako *love-thirty*.

→ W odniesieniu do dodatnich temperatur określanych w stopniach Celsjusza po liczebniku głównym dodajemy zwrot *degrees Celsius* lub *degrees centigrade*, np. 15°C to *fifteen degrees Celsius* / *fifteen degrees centigrade*. W przypadku podawania temperatur ujemnych zazwyczaj stosujemy zwrot *below zero*, np. −20°C przeczytamy jako *twenty (degrees) below zero*.

→ Zapamiętaj: *even numbers* – liczby parzyste, *odd numbers* – liczby nieparzyste.

Oto przykłady równań i liczb oraz sposoby ich odczytu:

Zapis matematyczny	Jak czytać
$10 \div 5 = 2$	ten divided by five equals/is two
$8 \cdot 4 = 32$	eight times / multiplied by four equals/is thirty-two
3^2	three squared
5^3	five cubed, five to the third power
$3\ ft^2$	three square feet
$\sqrt{9}$	the square root of nine
$\sqrt[3]{8}$	the cube root of eight
5.25%	five point two five per cent

1. Wybierz poprawną odpowiedź.

1) According to statistics, **two third / two thirds** of pregnant women suffer from morning sickness which can last all day and night.
2) Two **once / times** five is ten.
3) About **one quarter / one forth** of the kids in his class were descendants of Spanish-speaking immigrants.
4) **Three thousands / Three thousand** people gathered at the town hall yesterday to protest the new zoning plan.
5) The **square root / square element** of nine is three.
6) 36 **split / divided** by three **equals / equalises** twelve.
7) The match was quite dull, with the final result **zero-to-zero / nil-nil**.

8) **Four point eight two seven / Four point eight hundred and twenty-seven** rounds up to **four point eight three / four point eighty-three**.
9) The volume of shapes is measured in **cubic / hexagon** metres.
10) They told me I would have to wait for two and a half **month / months** to get an appointment with the neurologist.
11) One, three and five are **odd / even** numbers.
12) NASA's Solar Dynamics Observatory takes a high-resolution image every **not / nought** point seven five seconds in its orbit around the Earth.

2. **Dopasuj odpowiednie zapisy słowne do podanych liczb i działań.**

1)	0.423	a)	four by twenty-three
2)	$4^{2/3}$	b)	forty-two point three per cent
3)	423 (about members)	c)	four squared times three
4)	423 (room number)	d)	nought point four two three
5)	4×2^3	e)	four two three
6)	42' 3"	f)	forty-two feet three inches
7)	4 x 23 (long thin room)	g)	four and two thirds
8)	$4^2 \times 3$	h)	four times two cubed
9)	42.3%	i)	four hundred and twenty-three

1. _____ 2. _____ 3. _____ 4. _____ 5. _____ 6. _____ 7. _____ 8. _____ 9. _____

3. **Odgadnij, o jakich potocznych określeniach nominałów mowa w każdym ze zdań, a następnie wpisz je.**

1) The rule is that everybody puts a _____ into the pot, which explains why five cards are dealt to each player.
2) The website offered a special promotion because of the Queen's birthday, and for just one day each product could be bought for the lowest price of just a _____ and not a _____ more.
3) Even though their nominal value is less than $1, a Silver Roosevelt _____ is worth $1.29, because it is tied to the value of silver.
4) I've been saving ten pounds every day for 100 days, and as a result, I've got a _____ in my bank account.
5) With petrol prices on the rise, some Americans recall with nostalgia how back in the '60s you could ask at the gas pump "Gimme a _____'s worth", and this amount could get you quite far, as gas was only 31 cents a gallon then.

4. Uzupełnij zdania słownymi zapisami liczbowych wartości i określeń z nawiasów.

1) The adjacent room was _____ (130 ft²) in size, and with sparse furniture it gave an impression of being quite commodious.
2) My favourite type of embroidery is stumpwork, in which _____ (3D) figures and scenes are created through the use of stuffing, batting and stitches.
3) One of my great-grandmothers was born in _____ (1900).
4) As unbelievable as it sounds, _____ (7/8) of the world's population do not own a car.
5) Five minutes into the tennis match the score was _____ (15:0).
6) The ratio of inventions by men to inventions by women is _____ (6:1).
7) The temperature today is _____ (−5°C).
8) Only _____ (25%) of the club members had full-time employment contracts, the remaining _____ (¾) operated as freelancers or self-employed individuals.
9) His maths teacher was disappointed because he wasn't able to say what _____ (√49) is.
10) Which aspect ratio would be better for a panoramic photo: _____ (4:3) or _____ (16:9)?.

---

abc

aspect ratio – format obrazu
batting – płaty bawełny
commodious – przestronny
descendant – potomek
ratio – stosunek, proporcja
resolution – rozdzielczość
to round – zaokrąglać
sparse – nieliczny, rzadki, rozproszony
stitch – tu: ścieg
volume – objętość
zoning plan – plan zagospodarowania przestrzennego

Rozwiąż krzyżówkę na stronie 191.

notes

Unit 29
Grammar structures 1

Przypomnij sobie sposoby użycia tych przydatnych zwrotów i konstrukcji:

Zwrot lub konstrukcja	Funkcja	Przykłady
to be likely to do sth	wyrażanie prawdopodobieństwa (podmiotem zdania może być *it*, osoba lub rzecz, o której mówimy)	It's likely he'll show up. Is Mary likely to attend the class today?
Why don't you/we do sth?	sugerowanie, proponowanie	Why don't we go shopping today?
Why not do sth?		Why not go shopping today?
How/What about doing sth?		How about going shopping today?
Shall we do sth?		Shall we go shopping today?
to be about to do sth	wskazywanie, że coś ma się właśnie wydarzyć	The show is about to start.
not to be about to do sth	wyrażanie braku zamiaru zrobienia czegoś	He is not about to tell us the truth.
to be to do sth	wprowadzanie informacji o czymś, co ma się wydarzyć	The actor is to deliver a speech on human rights during the congress.
	w stronie biernej wyrażanie instrukcji postępowania, rozkazu lub zakazu	Luggage is not to be left unattended at any point.
	wyrażanie warunku	If you are to pass the test, you must get down to work.
to be on the point of doing sth	informowanie o tym, że zaraz mamy coś zrobić lub już prawie coś zrobiliśmy	She was on the point of resigning from her job when she suddenly got promoted.
to be on the verge of + rzeczownik/*gerund*	wyrażanie znaczenia *być bliskim / na granicy czegoś*	She is on the verge of giving up hope.
to be on the brink of + rzeczownik/*gerund*	wyrażanie znaczenia *być na skraju*	This country will shortly be on the brink of collapse.

Zwrot lub konstrukcja	Funkcja	Przykłady
to be due to do sth / to be done	wskazywanie na planowy termin zdarzenia	*The next instalment is due (to be paid) next week.*
to be set to do sth	wyrażanie myśli, że wszystko wskazuje na to, iż coś się wydarzy lub się komuś przydarzy	*This is set to be the biggest book fair in town.* *He is set to succeed.*
to be bound to do sth	wyrażanie opinii o tym, że coś z pewnością będzie miało miejsce	*The plane is bound to be late because of the fog.*
to be busy doing sth	wyrażanie znaczenia *być zajętym robieniem czegoś*	*They were busy rehearsing for the next performance.*
to be worth doing sth	wyrażanie znaczenia *warto coś zrobić*	*Sometimes, it's worth making / it's worth it to make an exception.*
to be worth + *it* + *to do sth*		

1. Na podstawie ilustracji ułóż zdania, używając zwrotów z ramki oraz wyrazów z nawiasów w odpowiedniej formie.

be about to • be bound to • be due to • be likely to • (not) be worth

1)

2)

3)

4)

5) 6)

1) _____ (attack).
2) _____ (get up so early).
3) _____ (trick or treat).
4) _____ (depart in three hours).
5) _____ (crime).
6) _____ (storm).

2. Uzupełnij luki w poniższej historii, tłumacząc fragmenty zdań podane w nawiasach na język angielski przy użyciu konstrukcji omówionych w tym rozdziale.

When I was in primary school, my sister and I would often spend some part of our holidays at a summer camp. In fact, it happened so regularly that it became a staple part of our childhood. Summer camps were a perfect solution for working parents, and they were 1) _____ (*na bank dawały nam*) plenty of opportunities for adventures. I distinctly remember the first camp I went to with my sister. I'd heard so much about what fun a camp could be that 2) _____
_____ (*wszystko wskazywało na to, że będzie on*) the best adventure of my life. Well, it 3) _____
(*z pewnością jest historia, którą warto opowiedzieć*).
When we got to the place, we had a big argument about who should keep the suitcase. You see, our ingenious father packed our things into ONE suitcase, which meant that one of us had to take her stuff out and store it, for instance, in a plastic bag, because we were in different groups in different rooms. Being younger than my sister, I 4) _____
_____ (*miałam mniejsze prawdopodobieństwo wygrania*) the dispute, and – sure enough – I didn't. The funny thing is that a couple of days later my sister also had to take all her things out of the suitcase as it became home to some huge earwigs! Some call it karma...

On the fifth day of the camp, we 5) _____ (planowo mieliśmy pojechać) on a trip to a big city nearby. How excited I was! On the day of the trip, I could hardly contain my emotions! We took a train, and when we arrived, we got on a tram as we 6) _____ (mieliśmy zwiedzać) in the centre. There were about 40 kids at our camp, so naturally we had to split into three carriages, and I was in the last one. At the next stop, another group of camp children joined and mixed with ours. After about five minutes of the ride, the kids began to get off the tram, and I couldn't tell whether they were from my camp or the other. I asked a girl standing next to me, and she told me to get off. The last thing I saw when the tram doors closed was the face of our counsellor with a look of sheer horror and panic on it! At that moment, I 7) _____ (byłam bliska wybuchnięcia płaczem), but somehow I got a grip and started to run after the tram. I managed to get to the next stop, where the counsellor was already waiting for me. I could see that she 8) _____ (była na skraju załamania nerwowego), but she didn't say a word to me. When we returned to the camp, I knew that 9) _____ (z pewnością będzie jakaś kara) for me. After some deliberation, they said to me: "10) _____ (a może byś tak napisała) this very important sentence 100 times?" The sentence read "I will never stray from my group again". Boy, both my hand and my pride hurt when I finished!

3. Przekształć zdania tak, aby użyć podanych słów i zachować oryginalne znaczenie.

1) I'm sure that this course will be of great help in honing your acting skills. **BOUND**
   This course _____ you hone your acting skills.
2) Annie is a pretty and articulate girl who will turn into a young woman very soon. **BRINK**
   Annie is a pretty and articulate girl _____ womanhood.
3) How about parsing the words into graphemes first and then assigning phonemes to the different graphemes? **PARSE**
   Why _____ phonemes to the different graphemes?
4) They have scheduled the new legislation about age discrimination to become legally binding next month. **DUE**
   The new legislation about age discrimination _____ force next month.
5) He almost decided to abandon his flagging career when he was offered a leading role in a big-budget film. **POINT**
   He _____ up his flagging career when he was offered a leading role in a big-budget film.

6) You mustn't leave your child at the pool without care at any time. **UNATTENDED**
At no time is your _____ at the pool.

7) It's not very possible that she will condone such impudence! **LIKELY**
She _____ with such impudence!

8) As the upshot of technological advancements, computer geeks were inventing new buzzwords, theories and media at an ever-increasing rate. **BUSY**
As the upshot of technological advancements, new buzzwords, theories and media _____ by computer geeks at an ever-increasing rate.

9) We should leave right now unless we want to be late. **ARE**
We should leave right now _____ time.

10) Judging by the two teams' current form, my prediction is that today's encounter is going to be close fought and could go either way. **SET**
Judging by the two teams' current form, today's encounter _____ match and could go either way.

---

abc

articulate – elokwentny
binding – obowiązujący
buzzword – modne powiedzonko/słowo/wyrażenie
carriage – tu: wagon
close fought – wyrównany (np. pojedynek)
to condone – akceptować, popierać
counsellor – tu: opiekun na obozie letnim
earwig – szczypawka, skorek
flagging – podupadający
to get a grip – brać się w garść

grapheme – grafem (najmniejsza jednostka pisma)
to hone – doskonalić
impudence – bezczelność, tupet
ingenious – pomysłowy
to parse – rozbijać na elementy (np. składniowe, graficzne)
phoneme – fonem
staple – stały, istotny
the upshot – rezultat, wynik
to stray – tu: oddzielić się, oddalić się

Rozwiąż krzyżówkę na stronie 192.

notes

Unit 30
Grammar structures 2

W tym rozdziale przedstawimy kolejne wybrane konstrukcje gramatyczne wraz z uwagami dotyczącymi ich stosowania. Przypomnij sobie sposoby użycia tych codziennych zwrotów i konstrukcji:

Zwrot lub konstrukcja	Znaczenie lub funkcja	Przykład
there is sth left	*coś zostało*	*There's nothing left here.*
to have sth left	*zostać komuś (o czymś)*	*They have nothing left.*
There's no point (in) + gerund	*Nie ma sensu / Nie ma po co robić czegoś*	*There's no point in fighting with them.*
to be the first/last + (rzeczownik) + bezokolicznik	*być pierwszym/ostatnim, który coś zrobił*	*Who was the first man to climb Mount Everest?*
only + bezokolicznik	*wyraża nieoczekiwany i nieprzyjemny efekt działań*	*I travelled to the other side of the city only to find the shop had been closed down.*

Oto przydatne połączenia służące do mówienia o dużej liczbie lub ilości czegoś:

- **plenty of / a lot of / lots of** + rzeczownik w liczbie mnogiej / rzeczownik niepoliczalny, np. *They have lots of good ideas*;
- **a large/huge amount of** + rzeczownik niepoliczalny, np. *It caused a huge amount of pollution*;
- **a large/huge number of** + rzeczownik policzalny, np. *She received a huge number of compliments*;
- **a great deal of** + rzeczownik niepoliczalny / rzeczownik w liczbie pojedynczej, np. *A great deal of the presentation was about marketing*;
- **a great/good many (of)** + rzeczownik policzalny / zaimek, np. *a great many people* – wielu ludzi; *a good many of us* – wielu z nas;
- **many a** + rzeczownik w liczbie pojedynczej, np. *Many a nurse will go on strike* – Wiele pielęgniarek zastrajkuje;
- **such a lot of** + rzeczownik, np. *There were such a lot of things to do that we didn't know what to start with*;
- **no fewer/less than**, np. *We've had no fewer than ten clients today*; *He received no less than $5000 for the job.*

Zwróć także uwagę na ciekawe aspekty użycia zaimków dzierżawczych i dopełnieniowych:

→ Gdy w połączeniu czasownika z kolejnym czasownikiem w formie *gerund* lub *infinitive* używamy przyimka i/lub dopełnienia, stosujemy następujący szyk zdania:

> They arranged **for John/him to pick** the guests up at the airport.
> They insisted **on us/our staying** with them.
> They didn't mind **us/our staying** with them.

Wykonawca czynności jest w takich zdaniach wyrażany rzeczownikiem lub zaimkiem dopełnieniowym, np. *me, him, them*. W przypadku połączenia z formą *gerund* możliwe jest też zastosowanie zaimka dzierżawczego, np. *my, his, their**.

→ Czasowniki takie jak: *to ask, to appeal, to arrange, to apply, to call, to plead, to clamour, to long, to yearn, to wish, to wait, to opt, to vote*, są powszechnie stosowane ze zwrotem **for sth/sb to do**, np.:

> They appealed for the police to speed up their action.
> She yearns for a new workout to take her out of this boring routine.

---

* Zaimek dzierżawczy preferowany jest w zdaniach, w których forma *gerund* spełnia funkcję podmiotu, np. **Your** pleading with him to stay home sounded quite desperate (nie: ~~You pleading~~). Zaimek dopełnieniowy używany jest z kolei, aby uniknąć niezgrabnych połączeń, np. *I remember **him** and **his assistant** rushing into our office with the news* (nie: ~~his and his assistant's~~).

---

1. Uzupełnij zdania przekształceniami podkreślonych fragmentów, tak aby zachować ich znaczenie i zastosować omówione w tym rozdziale zwroty i konstrukcje.

1) <u>No other woman had become President</u> before she won the election last year.
   She won the election and _____ President.

2) Somebody <u>ate all</u> the chocolates.
   There _____ .

3) When I went to the Patent Office to patent my invention, <u>much to my regret I learnt</u> that somebody had already come up with an identical idea.
   I went to the Patent Office to patent my invention _____ that somebody had already come up with an identical idea.

4) She said that <u>he really should explain</u> the architectural merits of the temple to us.
   She insisted _____ to us.

5) She wanted somebody <u>to send her the documents</u> immediately.
   She asked for _____ to her immediately.

6) <u>Don't deny it any longer</u> that we are both quirky oddballs. As they say, birds of a feather flock together.
   There _____ we are both quirky oddballs. As they say, birds of a feather flock together.

7) According to the stipulation, a lot of our stocks can't be sold until three years have elapsed.
According to the stipulation, a good _____ can't be sold until three years have elapsed.

8) We told the taxi driver to come and pick you up at 7 p.m.
We arranged _____ and pick you up at 7 p.m.

9) I've received at least fifty inquiries about our new TX5 model.
I've received no _____ about our new TX5 model.

10) She was importuned by a lot of wooers, but she didn't favour any of them.
A great _____, but she didn't favour any of them.

2. W niektórych zdaniach są błędy. Znajdź je, podkreśl i zapisz poprawione fragmenty poniżej.

1) In boxing, the contenders for the world heavyweight title must weight no fewer than 90.719 kg.
   _____

2) She spent many a tearful night thinking about their bitter split.
   _____

3) Quintus Ennius was the first in using the hexameter in Latin poetry.
   _____

4) He calls for students analysing facts, not regurgitating them.
   _____

5) The paparazzi waited for the star's leaving the court before they began snapping pictures of her.
   _____

6) The bishop expressed his profound sadness about the fact that in today's world there is a large number of hatred spouted in the name of religion.
   _____

7) There was no envoy or minister to appeal to, and nothing left to do but to comply.
   _____

8) Good many of athletes suffer from involuntary muscle spasms called cramp.
   _____

9) It's no sense to keep the students waiting for another hour.
   _____

10) I hope you don't mind mine coming so late.
    _____

3. Uzupełnij zdania, używając wyrazów podanych w nawiasach w odpowiedniej formie. Jeśli to konieczne, dodaj inne słowa.

1) Are you sure the staff _____ (not mind / I / take) pictures of the interior?
2) The violin takes _____ (such / lot / practice) in order to learn to play it well.
3) I _____ (last / impugn / she / loyalty), but I'd rather we played it safe and monitored her contacts.
4) He decided to purchase a model with upgraded software, _____ _____ (only / find / most / old data / incompatible) with it.
5) The fact that he asked _____ (prenuptial contract / sign / she) just before the wedding was received with mixed feelings.
6) It's important _____ (everybody / be / prepared) for a sudden change of plans.
7) A lot of migrants _____ (rely / intermediaries / negotiate / corrupt authorities) that demand bribes at international borders.
8) When she lived in Paris, she befriended a former prima ballerina, who _____ _____ (arrange / she / study / dance / sing) at the Royal Academy of Dance.

---

abc

architectural merits – walory architektoniczne
birds of a feather flock together – ciągnie swój do swego
to comply – stosować się (do czegoś)
contender for sth – kandydat do czegoś
envoy – emisariusz, wysłannik polityczny
to importune – naprzykrzać się
to impugn – kwestionować, poddawać w wątpliwość
intermediary – pośrednik, mediator
involuntary – mimowolny, bezwiedny

oddball – dziwak, ekscentryk
to play it safe – dmuchać na zimne
prenuptial contract – intercyza
profound – tu: głęboki, dogłębny
to regurgitate – bezmyślnie powtarzać, cytować bez zrozumienia
to spout – tu: głosić, krzewić (o ideach)
stipulation – zastrzeżenie, klauzula (w umowie)
stocks – kapitał akcyjny, akcje
temple – świątynia
wooer – zalotnik

Rozwiąż krzyżówkę na stronie 193.

Unit 31
Phrases with and without prepositions

Istnieje wiele czasowników, których formy osobowe **nie są używane z przyimkami**, podczas gdy pochodzące od tych czasowników rzeczowniki, imiesłowy lub przymiotniki **już się z nimi łączą**. Porównaj:

Czasownik + sth/sb	Rzeczownik/Imiesłów/Przymiotnik + przyimek + sb/sth
to discuss sth	a discussion about/on sth
to lack sth	a lack of sth
to answer sth	an answer to sth
to call sb	a call to sb, a call on sb (= a visit)
to marry sb	married to sb
to influence sb/sth	(an) influence on/over sb/sth
to investigate sth	an investigation into sth
to comprise sth	comprised of sth
to access sth	access to sth
to control sb/sth	control of/over sb/sth
to contact sb	in contact with sb
to request sth	a request for sth
to demand sth	demand for sth
to respect sb	respect for sb
to stress sth	stress on sth
to emphasise sth	(an) emphasis on/upon sb/sth
to attend sth	attendance at sth
to need sth	in need of sth, the need for sth
to solve sth	a solution to sth
to witness sth	a witness to sth
to admire sb/sth	admiration for sb/sth
to crave sth	a craving for sth
to ban sth	a ban on sth
to restrict sth	a restriction on sth
to debate sth	a debate about/on/over sth
to encounter sb/sth	an encounter with sb/sth
to increase sth	an increase in sth, an increase of... (e.g. 5%)
to prefer sth	a preference for sth

1. Wybierz wszystkie poprawne odpowiedzi.

1) We do hope for a substantive, bilateral discussion **on / over / about** issues vital for our countries.
2) With inflation skyrocketing, the demand **on / for / of** houses has plunged by a third when compared with housing trends from last year.
3) The large attendance **in / on / at** his wake and funeral was a testament of the high esteem he had earned from everyone in the town.
4) The effect **of / on / from** the lecture could be clearly seen, as most students had pensive expressions on their faces.
5) When the new bill was published, it spurred an acrimonious debate **of / over / about** employees' rights.
6) During her second pregnancy, she often had a craving **of / for / to** sour things, especially pickles and sauerkraut.
7) The police are appealing for witnesses **of / to / in** the accident to come forward and help identify the alleged perpetrator.
8) It looked as if he had a strange and malign influence **on / over / about** his companion.
9) The situation was further exacerbated by the lack **on / for / of** explicit instructions and contradictory commands from the management.
10) In recent years, a lot of emphasis has been put **upon / to / on** simplification and modernisation of the business environment for companies.

2. Uzupełnij zdania odpowiednimi przyimkami tam, gdzie ich brakuje.

1) Several newspapers and TV channels contacted _____ him, asking for comment on the allegations against him.
2) The minister called for an official investigation to be opened _____ ballot rigging in the May 15th polling.
3) I expect a truthful answer _____ my queries, that's all.
4) The course comprises _____ public speaking, group communication dynamics, body language, rhetorical strategies and etiquette.
5) They have finally decided to lift the ban _____ foreign goods.
6) The building is in dire need _____ renovation and extra funds for its upkeep.
7) They had boundless admiration _____ him, amounting almost to idolatry.
8) Having been married _____ a Frenchman for over 30 years and knowing French cuisine and culture inside out, she can definitely call herself a Francophile.

9) Let us now discuss _____ the virtues and vices of the system that we intend to introduce.

10) Nowadays, it is common practice for children to attend _____ a nursery or kindergarten which is far from their neighbourhood.

3. W niektórych zdaniach są błędy. Znajdź je, podkreśl i zapisz poprawione fragmenty poniżej.

1) The police have launched an investigation of the James White murder.
   _____

2) The complex will comprise of a shopping mall, a fitness centre, three restaurants, offices and associated facilities.
   _____

3) We immediately convened a meeting of the supervisory board to discuss about the latest development in the case.
   _____

4) *The New Testament* places great emphasis upon the equality of all believers in the sight of God.
   _____

5) The general decided to lay siege in an attempt to seize control the castle.
   _____

6) Although it would be legally possible to overturn the judge's decision, they found another innovative solution for the quandary.
   _____

7) Eventually, after five years of dating, he got married with her and they had two kids.
   _____

8) You really should call to your lawyer.
   _____

4. Uzupełnij każde ze zdań w taki sposób, aby zachować znaczenie pierwowzoru.

1) Installing drilling platforms there will have an immediate negative effect on marine life in the whole region.
   Installing drilling platforms there will immediately _____ _____ in the whole region.

2) We managed to access the database and all the necessary files without any limits thanks to the kindness of the sheriff's deputy.
The sheriff's deputy kindly _____ and all the necessary files.

3) Unbelievable as it may sound, at first the US government didn't restrict immigrants from entering the country, though it later changed when they started to arrive in large numbers.
Unbelievable as it may sound, at first there were _____ to the USA, though it later changed when people started to arrive in large numbers.

4) He encountered a giant squid quite unexpectedly while snorkelling near the shore.
His _____, as he was snorkelling near the shore.

5) Have you heard from the parish council regarding the organisation of the charity fair?
Has _____ about the organisation of the charity fair?

6) This year, there have been more participants at our annual conference than ever before.
There has been _____ this year.

7) I would like to visit an old friend of mine when I'm in town.
I would like to pay _____ when I'm in town.

8) She particularly stressed how strong the bond between the sisters was.
She laid _____ of the bond between the sisters.

9) Most patients prefer the medication to be administered orally or intravenously rather than intramuscularly.
Most patients show _____ rather than intramuscular administration of the medication.

10) They have just officially requested access to our files.
We have just received _____.

abc

acrimonious – zajadły, burzliwy
to administer – podawać (o lekach)
ballot rigging – fałszowanie wyników głosowania
bilateral – dwustronny, obustronny
to convene – zwołać
dire need – pilna potrzeba
esteem – szacunek, poważanie
to exacerbate – pogarszać, zaostrzać
idolatry – bałwochwalstwo
inside out – na wylot, od podszewki
intramuscularly – domięśniowo
intravenously – dożylnie
malign – szkodliwy, zgubny
perpetrator – sprawca przestępstwa
polling – głosowanie
quandary – trudna sytuacja, problem
sauerkraut – kapusta kiszona
to spur sth – być bodźcem do czegoś, dać impuls do czegoś
substantive – rzeczowy, merytoryczny
supervisory board – rada nadzorcza
upkeep – utrzymanie, pielęgnacja
wake – stypa

Rozwiąż krzyżówkę na stronie 194.

notes

Unit 32
Prepositions

Kolokacje z przyimkiem	Znaczenie
to rise/drop by x per cent	wzrosnąć/spaść o x procent
to comply with sth	przestrzegać czegoś, stosować się do czegoś
to be expelled from sth	zostać usuniętym/wyrzuconym skądś (np. z uczelni)
to be exempt from sth	być zwolnionym z czegoś
to be in decline	spadać, podupadać
to charge sb for sth	obciążać kogoś opłatą za coś
to charge sb with sth	oskarżyć kogoś o coś, postawić komuś zarzut czegoś
to resign from sth	zrezygnować / złożyć rezygnację z czegoś
to suspect sb of sth	podejrzewać kogoś o coś
to be crammed/packed with sth	być czymś przepełnionym
to prefer sth to sth	woleć coś od czegoś
to coincide with sth	pokrywać się z czymś
to refrain from sth	powstrzymywać się od czegoś
to insist on/upon sth	nalegać na coś
to be jealous of sb	być zazdrosnym o kogoś
to be typical of sb	być typowym dla kogoś
to be famous for sth	być znanym z czegoś, słynąć z czegoś
to be associated with sth	kojarzyć się z czymś
to notify sb of sth	zawiadomić kogoś o czymś
to ingratiate oneself with sb	przypochlebiać się komuś
to earmark sth for sth	przeznaczać coś na jakiś cel
to plead with sb	błagać kogoś
to stem/result from sth	wynikać z czegoś
to be immune to sth	być odpornym na coś
to result in sth	doprowadzać do czegoś, skutkować czymś
in search of sth	w poszukiwaniu czegoś
to tamper/tinker with sth	majstrować przy czymś
to account for sth	wyjaśnić coś, stanowić przyczynę czegoś
to account for x (e.g. 20%) of sth	stanowić pewną część czegoś (np. 20%)

1. Uzupełnij zdania odpowiednimi przyimkami.

1) His way of presenting arguments and engaging in dialogue with opponents only appeals to those in search _____ intellectual sugarcoating.
2) Their conversations were loud, centred around sport, girls or cars, and riddled with the easy obscenities typical _____ male talk.
3) They suspected her _____ being the main instigator who had convinced him to commit the crime.
4) It is really easy to deceive people who think they are immune _____ deception.
5) The date of the exam coincided _____ the annual boat race that I always took part in, so I knew I had a serious problem.
6) We firmly believe that Mr Kowalski should resign _____ his position of secretary to the committee, as this post was allotted to the party, not to him.
7) An airline has the right to charge you _____ excess baggage, since they are liable as an insurer of the baggage.
8) When it comes to knitting, I really prefer natural fibres _____ acrylic ones because their quality is just unparalleled.
9) The judge agreed to release him with the provision that he pays a surety and complies _____ all other bail conditions.
10) Being a member of the armed forces, he is exempt _____ paying both fringe benefit tax and income tax.

2. Przeczytaj poniższą historię i znajdź w niej 15 błędów w użyciu przyimków. Zapisz poprawione fragmenty tekstu poniżej.

My class tutor in high school was a PE teacher. I will be forever indebted to him for making the whole class take the swimming licence exam (no one was exempt with it) and for pulling off the extraordinary feat of visiting every single mountain range in Poland during our school trips. I think that other groups might have been a bit jealous about our class, because thanks to him, we excelled in sport and always had fun during excursions. That said, I'm not going to ingratiate myself to him here and will describe one situation that proves that he was not immune against stereotypical thinking, sadly so typical with many teachers.

Once, after a whole day of climbing in the Tatra Mountains, we came back to the hostel we were staying in and, in the evening, we played board games, talked and laughed as usual. The next morning our tutor discovered some wine bottles in the hostel kitchen, which also coincided from finding a broken toilet seat, so he assumed that some of us had been drinking alcohol and partying hard the previous night. As I always preferred hanging out with my male classmates than spending time on idle talk with the girls, I was also charged for participating in the alleged misbehaviour. How unfair! Now, being a teacher myself, I think that our tutor's reasoning stemmed with years of experience rather than ill will, but then it felt like a kick in the teeth. He demanded that we admit to everything and threatened to notify our parents and the school about our misdeeds. Even though we pleaded for him to check with other hostel guests, he didn't believe us and additionally accused us of tampering at his door lock. The whole affair resulted from us getting an official reprimand from the head teacher and bad marks for not complying to the school's code of conduct. The crazy thing is that despite all the time that has passed, I still associate going on a school trip to being falsely accused of drinking alcohol, and I swear I never drank any during my school years!

1) _____
2) _____
3) _____
4) _____
5) _____
6) _____
7) _____
8) _____
9) _____
10) _____
11) _____
12) _____
13) _____
14) _____
15) _____

3. Przetłumacz fragmenty zdań podane w nawiasach na język angielski.

1) As a result of his irresponsible prank, he _____ (*został wyrzucony z uczelni*) and had to pay compensation to the family of the injured student.

2) She was the only woman in the team and other scientists were _____ _____ (*wyraźnie zazdrośni o jej geniusz i osiągnięcia*).

3) I tried to somehow bale out of the leaving party, but he _____ _____ (*nalegał, żebym wygłosiła mowę pożegnalną*).

4) He failed _____ (*powiadomić policji o swoim miejscu pobytu*), so now he faces some legal problems.

5) I would really appreciate it if you _____ (*powstrzymał się od wygłaszania komentarzy*) which create enmity and an unpleasant atmosphere.

6) I almost fainted when I noticed that _____
   (ktoś bez wątpienia majstrował przy dokumentach).
7) He was arrested and _____
   (postawiono mu zarzuty jazdy po pijanemu), as well as malicious damage to property.
8) She became a compulsive hoarder and when her family decided to intervene, they discovered that _____
   (jej dom był wypełniony pudłami i rupieciami).
9) Edward VIII, the Duke of Windsor, _____
   _____ (zasłynął tym, że był pierwszym brytyjskim monarchą, który dobrowolnie abdykował) the throne.
10) It would be a good idea to _____
    (przeznaczyć jakąś część wpływów na) investment in education and training.

4. Uzupełnij zdania odpowiednimi słowami lub zwrotami spośród wymienionych w ramce na początku rozdziału.

1) How much do you _____ an express overseas delivery?
2) We tried to placate the angry customer, but she still _____ speaking to the manager.
3) How will you _____ for your absence at the meeting this morning?
4) Certain animals, such as hedgehogs, skunks or pigs, have developed resistance features that make them _____ snake venom.
5) Hugh Mahon, a member of the Labour opposition, was _____ the House of Representatives in 1920 for "seditious and disloyal utterances" about the actions of the British in Ireland.
6) Failure to adhere to safety regulations in the laboratory can easily _____ _____ in accidents and injuries.
7) I would never _____ him of being a bigamist and leading two separate lives.
8) At the time of her death, her career was in _____, and she was not offered interesting roles.
9) It's so _____ him to deny any wrongdoing! He is always doing it!
10) The train was _____ people travelling to their families for Christmas.

to adhere to sth – stosować się do czegoś
to allot – przydzielać, przyznawać
bail – zwolnienie za kaucją
to bale out – wykręcić się, wymigać się
to be liable – ponosić odpowiedzialność
deception – oszustwo, podstęp
enmity – wrogość
feat – wyczyn, dokonanie
fringe benefit – świadczenie dodatkowe
hoarder – osoba obsesyjnie gromadząca rzeczy
instigator – podżegacz

kick in the teeth – cios w samo serce, wielkie rozczarowanie
misdeed – zły uczynek, występek
obscenity – sprośność, nieprzyzwoitość
to placate – uspokoić, udobruchać
to pull sth off – dokonywać czegoś trudnego, osiągać coś trudno dostępnego
riddled with sth – przepełniony czymś, nasycony czymś (negatywnym)
seditious – wichrzycielski, wywrotowy
sugarcoating – kadzenie, lukrowanie
surety – tu: kaucja, poręczenie
unparalleled – niezrównany, niemający sobie równych

Rozwiąż krzyżówkę na stronie 195.

Unit 33
Expressions

Zapamiętaj poniższe zwroty, wyrażenia i słowa:

in charge of sth	odpowiedzialny za coś
in response to sth	w odpowiedzi na coś
in return (for)	w zamian (za)
on the whole	ogólnie rzecz biorąc
to some extent	do pewnego stopnia
to somebody's surprise	ku czyjemuś zaskoczeniu
to put sth/sb at risk	narażać coś/kogoś na ryzyko/niebezpieczeństwo
to take sth for granted	uważać coś za sprawę oczywistą, brać coś za pewnik, nie doceniać czegoś
on top of that	na dodatek
sth doesn't hold water	coś nie trzyma się kupy
for the time being, for the moment, for now	jak na razie, póki co
after all that	po tym wszystkim
beyond/without a shadow of a doubt	bez cienia wątpliwości
to be away with the fairies	mieć nierówno pod sufitem
to make it to (a place)	dotrzeć do (jakiegoś miejsca)
to make one's day	umilić komuś dzień
to be on cloud nine	być w siódmym niebie
to have one's head in the clouds	bujać w obłokach
to be up and running	dobrze funkcjonować
to get sth up and running	rozkręcać coś
to make a mountain out of a molehill	robić z igły widły
to be on the verge of sth	być na skraju czegoś
at the expense of sth/sb	kosztem czegoś/kogoś
once in a blue moon	raz na ruski rok, od wielkiego dzwonu
to have seen better days	pamiętać lepsze czasy
to see eye to eye with sb on sth	podzielać czyjś punkt widzenia na jakiś temat, zgadzać się z kimś co do czegoś
to get away with sth	uchodzić na sucho (o czymś)
one at a time	pojedynczo
namely	mianowicie
there is no denying that...	nie można zaprzeczyć, że...
x times in a row	x razy z rzędu
to call it a day	skończyć na dziś, mieć fajrant, zakończyć jakąś działalność

1. Przyjrzyj się ilustracjom i zapisz wyrażenie, do którego odnosi się każda z nich.

1) 
2) 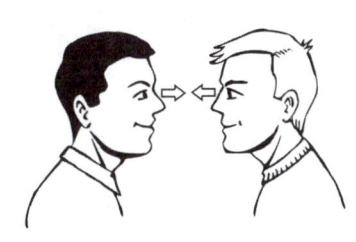
3) 
4) 
5) 
6)

1) _____

2) _____

3) _____

4) _____

5) _____

6) _____

2. Uzupełnij wypowiedzi osoby B, tłumacząc fragmenty z nawiasów na język angielski przy użyciu wyrażeń i zwrotów omawianych w tym rozdziale.

1) A: This chess match sounds fascinating! What was your next move?
   B: In my next move, I sacrificed my queen, but got a rook and a knight _____ _____ (w zamian).

2) A: Are you sure he failed so dismally? I always thought he was so assiduous.
   B: Yes, _____ (bez cienia wątpliwości).

3) A: Don't tell me you believed his crazy story!
   B: I know he _____ (ma nierówno pod sufitem), but he wouldn't make up something so weird, would he?

4) A: I think we are getting closer to finally developing the formula.
   B: Yes, the results of the tests make me believe we are _____ (na skraju) a breakthrough!

5) A: Everybody knows he's built his empire on ill-gotten gains.
   B: Yeah, he's always clawed his way up _____ (kosztem innych).

6) A: It must be difficult to stay in business for so long, especially now, with such fierce competition.
   B: Actually, I'm thinking of _____ (zakończeniu pracy). It's time to retire after almost 50 years of doing it!

7) A: She eventually divorced him, although he'd always assumed she would be satisfied with being his trophy wife and a housewife.
   B: I don't blame her. There is nothing more hurtful than _____ _____ (być niedocenianą).

8) A: Have you heard about yesterday's cyberattack?
   B: Yes, my bank has just informed me that the security of the database containing my personal information _____ (mogło zostać narażone na niebezpieczeństwo); that's really scary!

3. Przekształć zdania tak, aby użyć podanych słów i zachować oryginalne znaczenie.

1) He managed to beat cancer, and then enjoyed five victories in the tournament, year after year. **ROW**
   He managed to beat cancer, and then won _____.

2) How can anyone perpetrate such horrendous crimes and not be punished for them?! **GET**
   How can anyone perpetrate such horrendous crimes and _____ _____ it?

3) When we left the theatre, the sense that this revered Broadway classic had gone to the dogs was gnawing at us. **SEEN**
We left the theatre with the _____ days.

4) Mark my words, the press will try to exaggerate and embellish the story. **MOUNTAIN**
Mark my words, the press will try to _____
_____.

5) I was disappointed because I didn't see any living soul around. **THERE**
Much to _____ in sight.

6) Currently, we are not investigating any libel cases. **FOR**
There aren't any ongoing _____.

7) Everything that belonged to us was checked separately, one thing after another. **TIME**
Our _____.

8) Seeing my name on the cover of the book was one of today's highlights. **DAY**
Seeing my name on the cover of the book certainly _____
_____.

---

abc

assiduous – sumienny, gorliwy
to claw one's way – iść po trupach do celu
dismally – fatalnie, okropnie
to embellish – podkolorować, ubarwić
to gnaw at sb – gryźć kogoś, dręczyć kogoś (np. myśl)
to go to the dogs – zejść na psy, znacznie się pogorszyć
ill-gotten gains – nieuczciwie zdobyte pieniądze/środki

knight – tu: skoczek (figura szachowa)
libel – zniesławienie, oszczerstwo
to mark one's words – wspomnieć czyjeś słowa
to perpetrate – dopuścić się (o zbrodni, przestępstwie)
revered – czczony, wielbiony
rook – wieża (figura szachowa)

Zapoznaj się ze słówkami z następnego rozdziału i rozwiąż krzyżówkę na stronie 196.

notes

Unit 34
Sayings & proverbs

Poniżej przedstawiamy zestawienie angielskich powiedzeń i przysłów oraz ich polskich odpowiedników. Więcej ciekawych wyrażeń idiomatycznych poznasz dzięki pracy z książką *Angielski w tłumaczeniach. Idiomy*.

Angielskie powiedzenie lub przysłowie	Polski odpowiednik
A bird in the hand is worth two in the bush.	Lepszy wróbel w garści niż gołąb na dachu.
The early bird catches/gets the worm.	Kto rano wstaje, temu Pan Bóg daje.
Rome wasn't built in a day.	Nie od razu Rzym zbudowano.
Out of sight, out of mind.	Co z oczu, to z serca.
(It's) better (to be) safe than sorry.	Lepiej dmuchać na zimne.
Birds of a feather flock together.	Ciągnie swój do swego.
You've made your bed, now lie in it.	Jak sobie pościelisz, tak się wyśpisz.
Every cloud has a silver lining.	Nie ma tego złego, co by na dobre nie wyszło.
You can't make a silk purse out of a sow's ear.	I w Paryżu nie zrobią z owsa ryżu.
Don't look a gift horse in the mouth.	Darowanemu koniowi nie zagląda się w zęby.
It never rains but it pours. / When it rains, it pours.	Nieszczęścia chodzą parami.
A friend in need is a friend indeed.	Prawdziwych przyjaciół poznaje się w biedzie.
If you buy cheaply, you pay dearly.	Co tanie, to drogie.
Necessity is the mother of invention.	Potrzeba jest matką wynalazków.
Let sleeping dogs lie.	Nie wywołuj wilka z lasu.
You can't teach an old dog new tricks.	Starego psa nowych sztuczek nie nauczysz.
He who laughs last laughs longest/best.	Ten się śmieje, kto się śmieje ostatni.
Speak of the devil (and he shall appear).	O wilku mowa (a wilk tu).
Better late than never.	Lepiej późno niż wcale.
A stitch in time saves nine.	Lepiej zapobiegać, niż leczyć.

It's no use crying over spilt milk.	Nie ma co płakać nad rozlanym mlekiem.
It's like looking for a needle in a haystack.	To jest jak szukanie igły w stogu siana.
The grass is always greener on the other side.	Wszędzie dobrze, gdzie nas nie ma.
Half a loaf is better than none.	Lepszy rydz niż nic.
Never put off until tomorrow what you can do today.	Nie odkładaj do jutra tego, co masz zrobić dziś.
Tomorrow is another day.	Jutro też jest dzień.
Strike while the iron's hot.	Kuj żelazo, póki gorące.
When the cat's away, the mice will play.	Myszy tańcują, gdy kota nie czują.
All that glitters is not gold.	Nie wszystko złoto, co się świeci.
Two heads are better than one.	Co dwie głowy, to nie jedna.
When in Rome, do as the Romans do.	Jeśli wejdziesz między wrony, musisz krakać tak jak one.
If you pay peanuts, you get monkeys.	Jaka płaca, taka praca.
Curiosity killed the cat.	Ciekawość to pierwszy stopień do piekła.
To err is human, to forgive divine.	Błądzić jest rzeczą ludzką, przebaczać – boską.

1. **Wybierz zdanie, które wyraża znaczenie danego powiedzenia lub przysłowia.**

1) *You can't teach an old dog new tricks.*
   a) Older people can never learn anything new.
   b) It's difficult to change long-standing habits or ways of doing something.
2) *The grass is always greener on the other side.*
   a) Somebody's ideas, circumstances or belongings always seem more desirable than yours.
   b) We always want to have the same things that our neighbours have.
3) *Every cloud has a silver lining.*
   a) It is possible that something good will come out of a bad situation.
   b) There is always a possibility to make money, even if a situation seems hopeless.
4) *Strike while the iron's hot.*
   a) Attack when you know you can win.
   b) Seize an opportunity before it disappears.

5) *Out of sight, out of mind.*
   a) If you can't see someone you love for a longer period of time, it drives you crazy.
   b) You stop thinking about something or somebody if you don't see it/them.
6) *You can't make a silk purse out of a sow's ear.*
   a) It's impossible to create a fine product from poor quality materials.
   b) It's impossible to build anything without a good foundation.
7) *Rome wasn't built in a day.*
   a) You can't compare ancient things with modern ones.
   b) It takes time, patience and tenacity to create something great.

2. Ułóż słowa w odpowiedniej kolejności, tak aby utworzyły angielskie powiedzenia lub przysłowia. Jedno spośród podanych w każdym zbiorze słów jest zbędne.

1) mother • is • my • of • invention • the • necessity

2) a • than • half • none • loaf • is • of • better

3) mouth • a • look • at • in • don't • horse • gift • the

4) worth • in • bush • the • bird • hand • a • is • two • in • the • tree

5) killed • the • curiosity • cat • has

6) have • now • it • bed • well • in • your • made • you • lie

7) tomorrow • you • off • what • today • never • away • can • put • until • do

3. Podane powiedzenia zostały zmodyfikowane w zabawny sposób. Zapisz oficjalną wersję każdego z nich.

1) When the cat's away, the mice will pray.

2) A friend with weed is a friend indeed.

3) He who laughs last doesn't get the joke fast.

4) It's no good jumping over spilt milk.
_____

5) If you pay walnuts, you get squirrels.
_____

6) Birds of a feather pluck plumes together.
_____

7) Yeast in time saves wine.
_____

8) The early bird has its vision blurred.
_____

9) It's better to be right than sorry.
_____

10) Let working dogs sigh.

4. Jakie powiedzenia pasują do przedstawionych sytuacji? Zapisz je poniżej.

1) You had a serious problem and couldn't solve it. However, after talking things over with your friend, together you came up with a perfect solution that you hadn't thought of.
_____

2) Today he lost his job and a friend because of talking about other people's foibles and problems. To make matters worse, when he was going back home, he had an accident.
_____

3) The police know that the suspect was driving a dark sedan. But at least half of people in this country have that type of car! The search for him will take forever!
It's like looking for _____!

4) You want to travel to Morocco and your friend tells you to make sure to adhere to the customs and laws there, as you are expected to haggle, to tip and to dress respectfully while there.
_____

5) You were drawn to a person because of their ineffable beauty, but after talking, it turned out that they are very shallow and don't have much to offer intellectually.
_____

6) She has lost the championship final. It's true that all the negative things that have recently happened in her life took their toll on her performance, but there will be another season, so she should concentrate on training harder now, not despairing.
_____

7) You hold a grudge against a friend for revealing some information to your ex. You think you can never trust her again. Another friend tells you to brush it off because it wasn't very important, and that everybody deserves a second chance.

---

abc

blurred – niewyraźny, rozmyty
to brush sth off – ignorować coś
foible – słabostka, dziwny nawyk
to haggle – targować się
ineffable – nieopisany, niewysłowiony
to pluck – skubać (o piórach, włosach)
plume – duże pióro
to seize – chwytać
to take a toll (on sb/sth) – zbierać żniwo, odciskać piętno (na kimś/czymś)
tenacity – nieustępliwość, upór
yeast – drożdże

Rozwiąż krzyżówkę na stronie 196.

notes

Unit 35
Informal British English

Oto kilka uwag dotyczących gramatyki używanej w codziennej angielszczyźnie:

→ Po zwrotach takich jak I (don't/didn't) want sb spotyka się nieraz formę gerund, np. *I didn't want anyone **thinking** we were a couple.*

→ *Ain't* może zastępować przeczenia takie jak: *isn't, aren't, haven't, hasn't*, np. *I **ain't** got (no) cash* – Nie mam kasy. W zdaniu z *ain't* często pojawia się podwójne przeczenie (*ain't... no*).

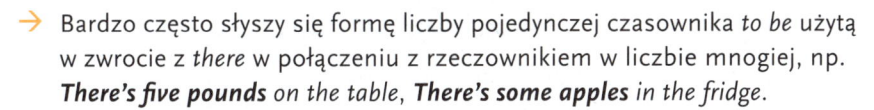

→ Bardzo często słyszy się formę liczby pojedynczej czasownika *to be* użytą w zwrocie z *there* w połączeniu z rzeczownikiem w liczbie mnogiej, np. ***There's five pounds** on the table, **There's some apples** in the fridge.*

→ Powszechne jest łączenie *less* z rzeczownikami policzalnymi, np. *There's **less people** today.*

Oto lista popularnych potocznych zwrotów i słów brytyjskich:

Cheers, mate!	Dzięki, stary!, Na razie, stary!
What are you up to?	Co porabiasz?, Co tam kombinujesz?
(It) serves you right!	Dobrze ci tak!, Masz za swoje!
What a shambles!	Ale bałagan/zamieszanie/chaos!
Piss off!, Bugger off!, Get lost!	Spadaj!, Odwal się!
What the hell/heck?	Co u diabła/diaska/licha?
Bloody hell!, Damn!	Cholera jasna!
Blimey!	A niech mnie!
I don't give a monkey's/damn about it!	Mam to gdzieś!, Guzik mnie to obchodzi!
Bollocks!, Bullshit!, Rubbish!	Bzdura!
to be a pain in the neck/arse	być upierdliwym/natrętnym
to be pissed off	być wkurzonym
to be knackered	być wykończonym
to be crap at sth	być beznadziejnym w czymś, do niczego
to screw sth up, to blow sth	schrzanić coś
to work for peanuts	pracować za marne grosze
to take the piss/mickey/mick out of sb	robić sobie z kogoś jaja
to give sb a fag	kopsnąć komuś szluga

to be bust	zepsuć się, nawalić
flipping/freaking cold	strasznie zimno
bloody	cholerny, cholernie
cheeky	bezczelny
daft	głupi
wee	mały
groovy	kapitalny
drop-dead gorgeous	olśniewający, wprost oszałamiający
wicked	doskonały, świetny
folks	ludziska, rodzinka, starzy
chap, bloke, guy, fellow/fella	koleś, gość
moron, dimwit	głupek, kretyn
loo	ubikacja
telly	telewizja

1. Dopasuj znaczenia do wyróżnionych potocznych słów i zwrotów.

1) She **doesn't give a monkey's** that I'm swole, she loves me for my brains!
2) I can't believe she passed up better paid jobs to **work for peanuts** as this MP's researcher!
3) Look, can you **give me a fag**?
4) The book is packed with **wicked** twists and fine moments, so fans of the author should be fully satisfied.
5) I'm not a **daft** wee laddie, I get what you're driving at.
6) The thing has wiped me out completely, I'm **knackered**!
7) The new system they introduced to support medical appointments is an utter **shambles**!
8) Sorry, have to nip to the **loo**!
9) All this talk about gender inequalities is just **a load of bollocks**.
10) My younger brother is such **a pain in the arse**! He is following me everywhere!

a) exhausted
b) an annoying nuisance
c) great, wonderful
d) doesn't care
e) lavatory, toilet

f) give me a cigarette
   g) nonsense
   h) to work for a very little or no pay
   i) foolish, silly
   j) mess

1. ____ 2. ____ 3. ____ 4. ____ 5. ____ 6. ____ 7. ____ 8. ____ 9. ____ 10. ____

2. Przetłumacz fragmenty zdań podane w nawiasach na język angielski, używając zwrotów nieformalnych lub potocznych.

1) I'm afraid I won't help you with this task as I _____ (*jestem do niczego z fizyki*).
2) _____ (*a niech mnie*), that's delicious, innit?
3) John, _____ (*ależ z ciebie bezczelny gość*)!
4) The local sheriff tried to quickly fill me in on _____ (*kim są ludziska zebrani w tłumie*).
5) I'm not going to quarrel with you. _____ (*Spadaj, kretynie*)!
6) The boss _____ (*jest wkurzony, że schrzaniłeś sprawę*). Now we will have to start all over again.
7) I'd rather spend my free time curled up with a good book than flopped down on the couch _____ (*przed telewizorem z moją małą siostrą*).
8) Some strange gelatinous and slimy thing was washed up on the shore and we _____ (*nie mieliśmy pojęcia, co to u licha jest*).
9) When you do the same thing day in day out, your life _____ (*wydaje się cholernie monotonne*).
10) You've got a stomachache? _____ (*masz za swoje*) for pinching my lunch!

3. Część tekstu została sformułowana w sposób zbyt potoczny. Znajdź 15 wymagających poprawienia fragmentów, a następnie zapisz je poniżej, używając bardziej formalnego języka.

The prosecutor met with the defence lawyer on a flipping cold Monday morning. To warm themselves up, they went to a nearby little café, which at the time was a groovy spot, although there was less people than usual. The prosecutor was already pissed off because his car was bust and he'd had to take a taxi to work. While having some coffee and bloody good cake, the men discussed a potential settlement. The prosecutor thought it was pretty cheeky of the defence lawyer to propose just three months' probation, notwithstanding the fact that his client was a drop-dead gorgeous famous model. He didn't want his mates at the office to take the piss out of him for being too lenient on celebrities, so he told the defence lawyer to bugger off. He weren't no moron, though: he knew that he was skating on thin ice because if he blew it, folks would eat him alive. Luckily, he had an ace up his sleeve...

1) _____
2) _____
3) _____
4) _____
5) _____
6) _____
7) _____
8) _____
9) _____
10) _____
11) _____
12) _____
13) _____
14) _____
15) _____

abc

day in day out – świątek czy piątek, dzień po dniu
to drive at sth – *pot.* zmierzać do czegoś (o czyjejś wypowiedzi)
to fill sb in on sth – poinformować kogoś o czymś, wtajemniczyć kogoś w coś
to flop down – rozwalić się (np. na kanapie)
gelatinous – galaretowaty
innit – *pot.* czyż nie? (od *isn't it?*)
laddie – chłopak, koleżka

lenient – pobłażliwy, łagodny
to nip somewhere – skoczyć gdzieś
notwithstanding – niezależnie od
to pinch – tu: zakosić, buchnąć, zwędzić
probation – dozór sądowy, kuratela
to skate on thin ice – stąpać po kruchym lodzie, robić coś niebezpiecznego
slimy – oślizgły, lepki
swole – napakowany, muskularny
to wipe sb out – wyssać z kogoś energię, wykończyć kogoś

Rozwiąż krzyżówkę na stronie 197.

Review – test yourself!

1. **Wybierz poprawną odpowiedź.**

1) Isn't it high time the government _____ a second round of austerity measures?
   a) has implemented   b) implements   c) implemented

2) They are opposed _____ a new nuclear power station in their region.
   a) against building   b) to building   c) to build

3) If I were you, I _____ it a long time ago.
   a) would report   b) would have reported   c) reported

4) _____ good care of, this coat will last you for years.
   a) Taken   b) Taking   c) Having taken

5) No sooner had she taken a few steps _____ she recoiled.
   a) then   b) when   c) than

6) Dad suggested _____ the side road.
   a) to take   b) we take   c) us to take

7) The hangar was at least _____ a standard one.
   a) twice bigger than   b) twice as big than   c) two times bigger than

8) A lack of charisma and timidity seem to be the _____ that prevent him from becoming a strong leader.
   a) criterias   b) criterion   c) criteria

9) _____ of her parents knew about the predicament she found herself in.
   a) None   b) Nor   c) Neither

10) They didn't trust us, _____ we explicitly stated we were not interested in takeover.
    a) even though   b) despite   c) however

11) It is moderation that keeps _____ English jolly, hearty and long-lived.
    a) an   b) the   c) –

12) I think he is completely away with the _____ if he wants to sell his car now, when the prices have hit rock bottom.
    a) fairies   b) fares   c) fantasies

13) Experts warn that the economy is teetering _____ collapse.
    a) at the end of   b) on the brink of   c) in the point of

14) Certain health conditions exempt you _____ work-related activities.
    a) of   b) off   c) from

15) There was this damp, slightly metallic smell of the earth absorbing water after _____ a drought.
    a) such long   b) so long   c) such a long

16) He asked her where _____.
   a) is she going
   b) was she going
   c) she was going

17) _____ the essay, she went to bed.
   a) Having written
   b) Writing
   c) Written

18) I would love _____ you when we were kids.
   a) to meet
   b) to have met
   c) to be meeting

19) I waited for my friends, but they weren't _____ to be seen.
   a) nowhere
   b) anywhere
   c) somewhere

20) That's _____ ending to sound plausible.
   a) too bizarre
   b) a too bizarre
   c) too bizarre an

21) Next month, we _____ successfully in this new market for six months.
   a) will be operating
   b) will have operated
   c) will have been operating

22) Seeing him there awakened the feelings that had _____ dormant for years.
   a) lain
   b) laid
   c) lied

23) If his parents hadn't nudged him to study medicine, he _____ one of the best clinics in the country now.
   a) didn't have
   b) wouldn't have
   c) wouldn't have had

24) The electronics accounted for _____ pounds of excess baggage, but she didn't care.
   a) a great deal of
   b) a large amount of
   c) a good many

25) On _____ should you supply any details of your credit card to a caller, no matter how plausible he or she may be.
   a) no time
   b) no account
   c) no circumstances

2. Uzupełnij zdania, używając wyrazów podanych w nawiasach w odpowiedniej formie. Jeśli to konieczne, dodaj inne słowa.

1) As of today, firebugs _____ (believe / set fire) to a mattress in the empty house, causing major damage to the property.

2) She didn't listen to his claims that it was just an unfortunate accident because he _____ (seem / do / it) on purpose.

3) I hurried home, thinking about all the worst scenarios, _____ (only / find / he / lie) on the sofa, completely immersed in a video game.

4) She was scared to walk through the hall of the sleeping house, but later said she _____ _____ (sooner / face) a dozen ghosts than a somnambulist then.

5) It was _____ (too / treacherous / river / cross) without careful planning and appropriate equipment.

6) She always carried this set in her bag in case she _____ _____ (happen / forget / take) her cosmetics while travelling.
7) He has worn a helmet _____ (ever since / he / run / tree) head first on his bike.
8) I'm sorry to say this, but it looks like our society _____ _____ (be / verge / become) even more divided politically.
9) We visited a cotton house, where about _____ _____ (dozen / people / gin / cotton), which was fascinating to watch.
10) The success of the campaign _____ _____ (rely / he / make / smart decisions).
11) This wasn't _____ (big / promotion / as / she / hope).
12) I'm not going to tell you what she said! _____ (suffice / say) most of the expressions she used were unquotable.
13) The technique _____ (be / discuss / now) will be used in the demonstration later.
14) He was so desperate that he _____ (resort / cover / recede / hairline) colourful bandanas.
15) Would you say that opposites attract, or that _____ _____ (bird / feather / together)?
16) My physician suggested that _____ _____ (we / discuss / risk / benefit) of all the options he'd presented.
17) It was _____ (so / freak / cold) that you risked getting frostbitten if you didn't wear your thermals.
18) They wouldn't have kept the party invitation back from him if generally he _____ _____ (not be / pain / neck).
19) Never in my life _____ (experience / immense / pang / guilt) as when I discovered they'd given me their last reserves.
20) His health _____ (say / gradual / improve) now, although doctors are only moderately optimistic about his full recovery.

3. **Przekształć zdania tak, aby użyć podanych słów i zachować oryginalne znaczenie.**

1) Even though it was extremely risky, he did it because he wanted to save many precious lives. **VIEW**
Despite the huge risk, he did it _____ precious life.

2) They finally reached an agreement after three weeks of negotiations. **FOR**
They _____ when they finally reached an agreement.

3) When travelling without her mum, she loves it when flight attendants spoil her rotten. **SPOILT**
When travelling without her mum, she loves _____ by flight attendants.

4) I don't think you should intervene, leave it at that. **DOGS**
I don't think you should intervene, let _____.

5) He stressed that they should notify him immediately once the verdict was reached. **MOMENT**
He insisted _____ the verdict was reached.

6) She thought of a brilliant idea for an ad but kept it to herself. **UP**
Despite _____, she kept it to herself.

7) When he moved the motion, 75% of the members didn't like it. **THREE**
When he moved the motion, _____ of it.

8) Seeing all my relatives cheering for me astonished me. **MY**
Much _____ all my relatives cheering for me.

9) You should hurry up because the bus is about it leave. **POINT**
The bus _____ so you should hurry up.

10) I have not visited this area since my childhood. **HAVE**
Not since I _____ this area.

11) Food prices have gone up dramatically over the past 12 months. **DRAMATIC**
There _____ food prices this year.

12) I think it is a good idea to go to the dentist once a year. **LIKE**
I _____ once a year.

13) He is feeling queasy because he ate too much. **UPSET**
He would not _____ less.

14) He regrets becoming a politician in his twenties. **POLITICS**
He wishes _____ in his twenties.

15) Even though the trailer promises great excitement, the movie generally disappoints. **NOWHERE**
The movie is _____ the trailer promises.

16) It appears that the force of the flood did not break the dam. **WITHSTOOD**
The dam _____ the force of the flood.

17) If the House of Representatives decides that a president abuses power, it starts the impeachment process. **CASE**
The House of Representatives may accuse a president of an abuse of power, in _____ _____ started.

18) "Yes, I had some illegal drugs with me when the accident happened," he said. **HAVING**
He _____ of illicit drugs at the time of the accident.

19) I believe that it's pointless to bemoan what happened as you can't change it. **USE**
In my opinion, it's _____ milk.

20) We are sure it's no coincidence that she is getting married on exactly the same day as her cousin. **WEDDING**
We are sure it's intentional that the _____ her cousin's nuptials.

4. **Przetłumacz fragmenty zdań podane w nawiasach na język angielski.**

1) _____ (*pozbywszy się niechcianej publiczności*), she got back to working on her painting.

2) Russian nuclear threats _____ (*przywiodły świat na skraj zniszczenia*).

3) _____ (*na stole leżał kot*), lazily observing the ruckus in front of it.

4) If you don't hurry, all the seats _____ (*będą już zajęte*) by the time we get there.

5) _____ (*Seszele, usytuowane na Oceanie Indyjskim*), is home to the coco de mer (aka the sea coconut), which bears the largest seed in the plant kingdom.

6) My nephews _____ (*czekają z niecierpliwością, żeby poznać*) their favourite celebrity in person.

7) The fact that _____ (*jego diagnozy nie są tak trafne jak inne*) has not escaped the hospital management's notice.

8) She acted _____ (*jakby nigdy nie słyszała wstrętnych plotek*) about my relationship, which I appreciated a lot.

9) I decided to weather the storm with dignity, _____ _____ (*co by się nie działo*).

10) Not until _____ (*przestała płakać*) _____ (*dowiedzieliśmy się*) what had upset her so much.

11) They wouldn't be panicking right now if they _____ (*przygotowali dokumentację wcześniej*).
12) _____ (*mając podpisany kontrakt*), I can finally unwind and take my mind off the deal.
13) He could hardly contain his emotions upon meeting his relatives, _____ (*z których zdecydowana większość wyemigrowała*) to America in the 1990s.
14) They _____ (*mało prawdopodobne, żeby zdążyli na początek*) of the performance, unless they are able to teleport!
15) I'm not sorry that he got transferred to a smaller branch. _____ (*dobrze mu tak*) for meddling with matters that don't concern him!
16) You _____ (*niepotrzebnie zrobiłeś z igły widły*)! Now everybody thinks I'm a drama queen!
17) She claims that she _____ (*była świadkiem wielu nieodpowiednich sytuacji*) when she worked in their Boston office.
18) At the moment, the whole department _____ (*dyskutuje o giełdowych indeksach*) and inventories.
19) He _____ (*wydaje się, że dużo podróżował*) when he was young.
20) I _____ (*nie czuję się na siłach udzielać ci rad*) because I don't have that much experience myself.

Krzyżówki

Rozwiąż krzyżówkę zawierającą słówka z rozdziału 1.

Across

2. to exchange _____ – złożyć przysięgę małżeńską
4. potok
6. dziwny, osobliwy
7. _____ falsehood – wierutne kłamstwo
9. with _____ breath – z zapartym tchem
12. wstrętny, okropny, nieznośny
13. stanowczy, nieugięty
15. zrzędzić
18. to _____ for sb – ręczyć za kogoś
19. _____ resemblance – niesamowite podobieństwo
20. sobowtór

Down

1. odsunąć się, cofnąć się (ze strachu lub obrzydzenia)
3. potknąć się
5. krawężnik
8. wielbicielka, miłośniczka
10. rozwijający się w szybkim tempie
11. in the _____ and distant past – w zamierzchłych czasach
14. bystry
16. szczęśliwy traf, fart
17. zapalony, gorliwy

Rozwiąż krzyżówkę zawierającą słówka z rozdziału 2.

Across
1. podtrzymywać
9. skrupulatnie, drobiazgowo
10. wzniecać, rozpalać
11. *to keep sth at* _____ – nie dopuszczać czegoś do siebie, zachować dystans wobec czegoś
12. *to* _____ *sth* – przyjmować coś z entuzjazmem
15. gazeta dużego formatu
19. zdementować (np. o plotkach, pogłoskach)
20. *part and* _____ – nieodłączny element

Down
2. osoba, która porzuciła naukę (np. w szkole, na uniwersytecie)
3. przedwcześnie
4. *to* _____ *sth* – dostosować się do czegoś
5. arystokracja, szlachta
6. dolegliwość
7. zasłaniać
8. uważnie czytać
13. łagodny, cichy
14. dojazd do pracy
16. królestwo
17. szabla
18. floret

Rozwiąż krzyżówkę zawierającą słówka z rozdziału 3.

Across

1. granica
3. śmigać
5. doniosły, ważny
7. uprzedzenie, stronniczość
9. kolidować, zakłócać
10. krępy, przysadzisty
11. nieokreślony, niewyróżniający się, nijaki
13. tłusty
15. bezstronny
16. rygorystyczny, surowy
17. to _____ sb from sth – zwalniać kogoś z czegoś
18. nakaz stawienia się przed sądem
19. puszący się (o włosach)

Down

2. gęsty
4. gapić się
6. przestępca, zbrodniarz
8. zapewnienie (o czymś), obstawanie (przy czymś)
9. inspirujący, ożywczy
10. wytrzymałość
12. sojusznik, sprzymierzeniec
14. umniejszać

Rozwiąż krzyżówkę zawierającą słówka z rozdziału 4.

Across

5. łączyć, scalać
6. pokrywać koszty, zwracać pieniądze
11. en _____ – z przyległą łazienką
12. zbulwersowany, przerażony
17. odstępować, zrzekać się, oddawać
18. ściekać, kapać
19. odwet, zemsta
20. niepokojący

Down

1. zadzierać głowę
2. posiniaczyć
3. dziwaczność
4. _____ hot – skwarny, upalny
7. zebrać, wykrzesać
8. to _____ with sth – majstrować przy czymś
9. dręczyć, nękać
10. lunatyk
13. ekspert
14. wściekłość, atak szału
15. płaszczyć się przed kimś
16. dobrotliwy, życzliwy, łagodny

Rozwiąż krzyżówkę zawierającą słówka z rozdziałów 5 i 6.

Across

2. powściągliwy, z dystansem
4. to _____ one's thirst – ugasić pragnienie
6. wykroczenie, przekroczenie granic
8. zdziczały
10. zrozumiały, logiczny, spójny
14. trujący, szkodliwy
15. to be in the _____ – być w centrum uwagi
17. to _____ sth – zaszkodzić czemuś, wpłynąć negatywnie na coś (np. zdrowie)
18. bez uszczerbku, nietknięty
19. liczny, obszerny
20. gorliwy, pełen zapału

Down

1. wykonalny, realny
3. udaremnić
5. in _____ – z perspektywy czasu
7. zręczność, sprawność
9. pobłażliwość
11. wyniosły, butny
12. wielkoduszny, wspaniałomyślny
13. to turn a _____ eye to sth – przymknąć na coś oko
14. mglisty, niejasny
16. męka, gehenna

Rozwiąż krzyżówkę zawierającą słówka z rozdziałów 7 i 8.

Across

1. wylewnie, gorąco (np. dziękować)
4. wzmacniać
8. zwodzić, mamić, rozbudzać złudne nadzieje
9. to be _____ – być zadowolonym
10. niedozwolony, zakazany
12. przedsięwzięcie
14. to _____ sb off – zwolnić kogoś z pracy z powodu redukcji etatów
15. rzekomy, domniemany
16. to fall _____ to sth/sb – padać ofiarą czegoś/kogoś
17. pochopny, nieprzemyślany
18. ujawnić

Down

2. wygłaszać tyradę, złorzeczyć, głośno narzekać
3. _____ for – poszukiwany, nieznaleziony
5. stanowisko (w jakiejś kwestii)
6. przeoczyć
7. _____ weapon – potężna broń
9. zmuszać
11. money _____ – pranie brudnych pieniędzy
13. wichura, wicher
16. to hit a rough _____ – mieć trudny okres, mieć złą passę

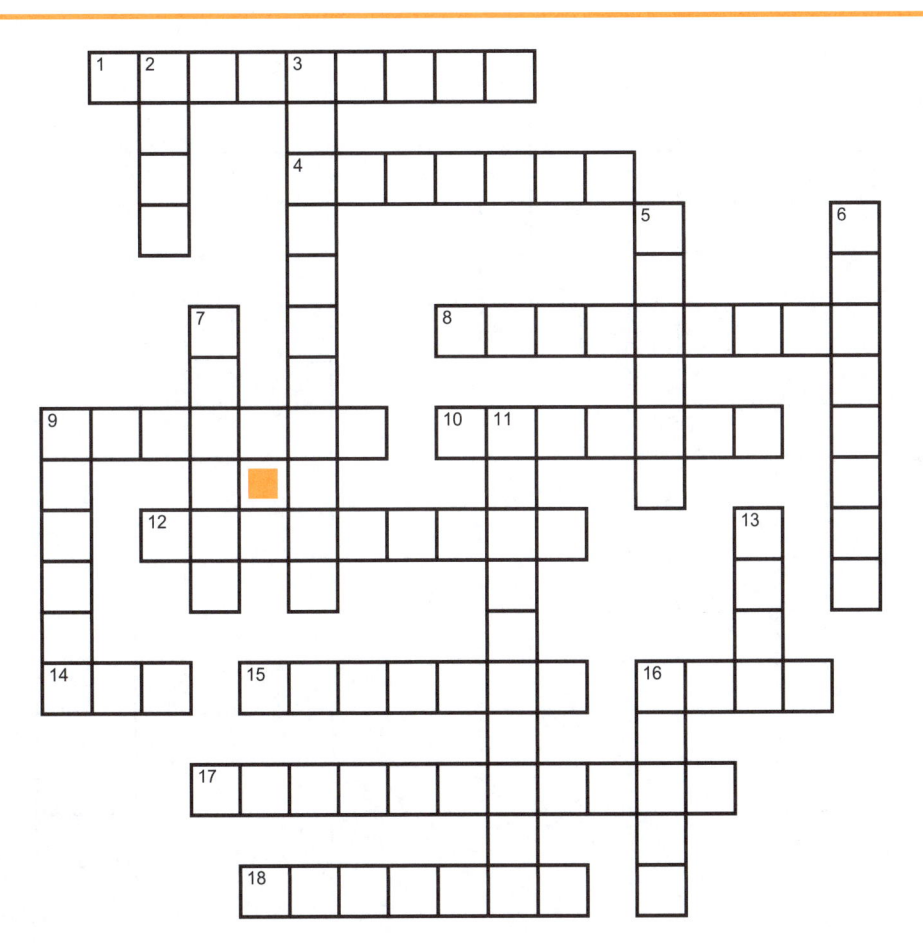

Rozwiąż krzyżówkę zawierającą słówka z rozdziałów 9 i 10.

Across

2. nakłonić, namówić
4. wścieklizna
6. stały etat
8. bicz
9. zrzędliwy
11. *to bad-*_____ – obgadywać
14. pęcherz (na skórze)
16. niebezpieczny, ryzykowny
17. czczy
18. spuścić (np. wodę ze zbiornika)
19. powierzyć

Down

1. kujon
2. kołyska
3. *cut-*_____ – bezwzględny, pozbawiony skrupułów
5. umniejszać
7. chaos
10. potomstwo
12. kozioł ofiarny
13. podstawy
14. przyznawać, obdarowywać
15. wygłodniały

Rozwiąż krzyżówkę zawierającą słówka z rozdziału 11.

Across

1. tłum, motłoch
2. wypuścić (np. na wolność)
6. opierać się, stawiać opór
8. senność
10. to _____ off – przysypiać
11. _____-after – pożądany, poszukiwany
13. ślubować
14. arrest _____ – list gończy
15. ulga
17. przegrzebek

Down

1. mnogość
3. to _____ sb – uczyć się przez obserwowanie kogoś
4. matowieć, tracić blask
5. black-_____ – ubrany na czarno
7. to _____ in agony – zwijać się z bólu
9. ucinać, odcinać
12. poważnie
16. dojrzewać (o owocach)

Rozwiąż krzyżówkę zawierającą słówka z rozdziałów 12 i 13.

Across

1. _____ hope – płonna nadzieja
3. far-_____ – daleko idący, naciągany
5. opieka, kuratela
8. usidlać
10. redukować, ograniczać
14. _____ differences – różnice nie do pogodzenia
16. niechęć, wrogość
17. wierność
18. słabnąć, zmniejszać się
19. bezpodstawny

Down

2. tax _____ – zeznanie podatkowe
3. gorączkowy, szaleńczy
4. _____ offence – przestępstwo kwalifikowane
6. żarliwie, gorliwie, gwałtownie
7. ostrożny, nieufny
9. krzak, krzew ozdobny
11. _____ motive – ukryty motyw, ukryta pobudka
12. praca, epizod
13. _____ waters – nieznane wody
15. gromki, donośny

Rozwiąż krzyżówkę zawierającą słówka z rozdziałów 14 i 15.

Across
1. osłupienie, oszołomienie
4. potępiać, piętnować
7. opłakany stan, ruina
9. czciciel
10. to follow _____ – postąpić tak samo, naśladować
12. żmudny, monotonny
13. dławić, tłumić
18. frapujący, przykuwający uwagę
19. zahamowanie

Down
2. nie do pokonania
3. wytrwałość
5. wychowanie, pielęgnowanie
6. odizolowany
7. to _____ on sb – dotrzeć do kogoś, zaświtać komuś
8. niedola
11. uniewinnienie
14. czytelny
15. rozpaczliwie, żałośnie
16. relacja, opowieść, konto
17. przechytrzyć

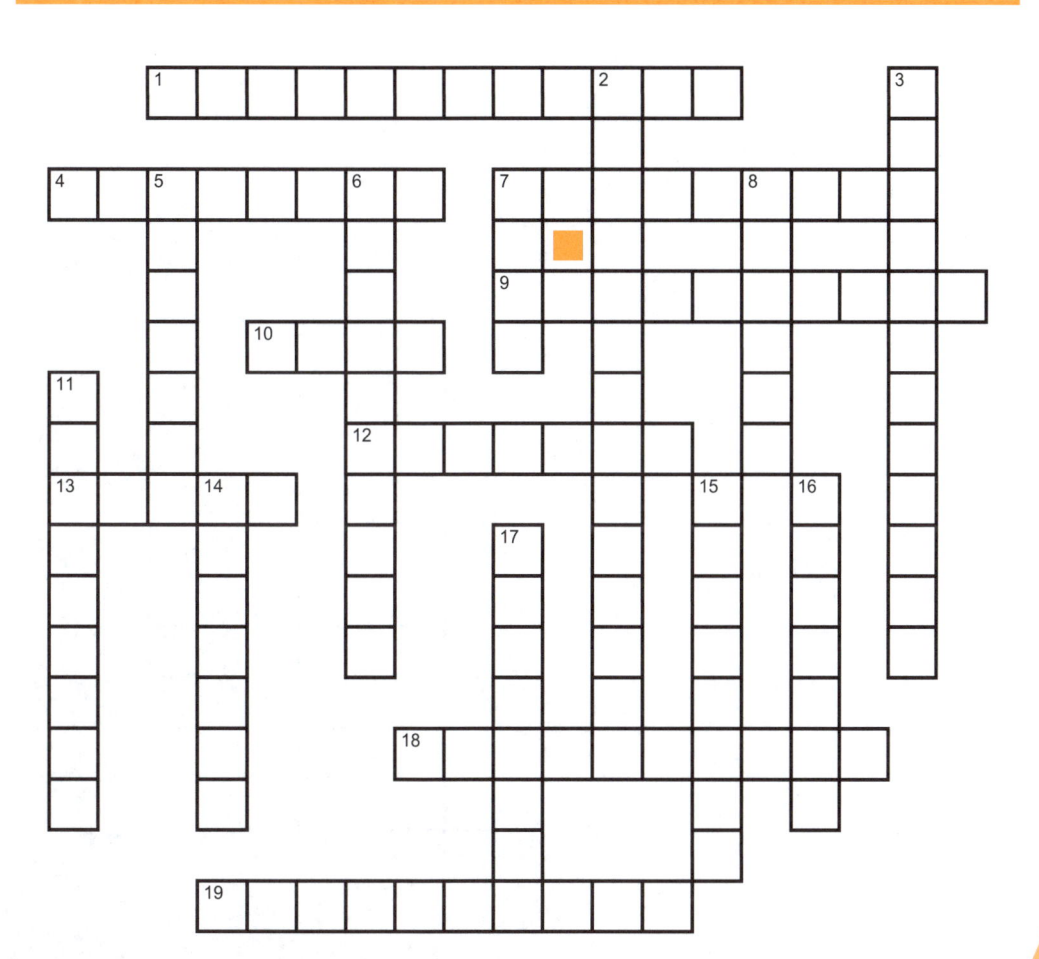

Rozwiąż krzyżówkę zawierającą słówka z rozdziału 16.

Across

2. mnóstwo, ogrom
4. *on the* _____ – z lodem (o alkoholu)
8. zamieszanie, wrzawa
10. _____ *stone* – osoba, która dużo podróżuje lub nie może usiedzieć w jednym miejscu przez dłuższy czas
11. śrubokręt
14. *sight* _____ – w ciemno, bez oglądania
16. rozprawa

Down

1. *to sit* _____ – usiąść wygodnie, zrelaksować się
2. kombinerki
3. przypadkiem podsłuchać
5. *close* _____ – sytuacja, z której cudem uszło się z życiem
6. klucz francuski
7. *to* _____ *out* – wyciągnąć, wywlec
9. za granicą morską
10. zamieszki, rozruchy
12. *to* _____ *sb up the wall* – doprowadzać kogoś do szału
13. nadzwyczaj, niezwykle
15. _____ *enemy* – śmiertelny wróg

Rozwiąż krzyżówkę zawierającą słówka z rozdziału 17.

Across

1. gromadzić (np. o majątku)
8. wylewność, entuzjazm
9. plama, kleks
11. swędzenie, świąd
12. ponury
14. to _____ for oneself – radzić sobie samemu, dawać sobie radę
15. ozdobny słup obrzędowy używany w obchodach święta wiosny
16. gromadzić się (np. o owcach)
17. niepokój, wzburzenie

Down

2. sąsiedni, przylegający
3. wspominać
4. plemię
5. stos pogrzebowy
6. drętwy, nudny
7. juvenile _____ – przestępczość nieletnich
9. zawiązywać oczy
10. to _____ downward – znajdować się na równi pochyłej
13. kropelka

Rozwiąż krzyżówkę zawierającą słówka z rozdziałów 18 i 19.

Across

1. to _____ sb off – wcisnąć komuś kit
3. nakaz aresztowania
7. to _____ a damage – naprawiać szkodę
9. _____ with sth – pełny czegoś, wypełniony czymś
10. _____ child – nieślubne dziecko
12. zasypany
14. to _____ to sb/sth – poddawać się komuś/czemuś
17. pamiątka rodowa
18. zapał, głębokie zaangażowanie
19. polubowny

Down

2. błogość, szczęście
4. bez opieki
5. drapieżnik
6. poprzednik
7. bezwzględny, bezlitosny
8. rozejm, zawieszenie broni
11. łatwowierny
13. nieporządek, zamęt
15. kończyna
16. to cry _____ – krzyczeć w proteście

Rozwiąż krzyżówkę zawierającą słówka z rozdziałów 20 i 21.

Across
1. łagodzić
5. zaciąć się, zawahać się (podczas mówienia)
6. śmiały, zuchwały
10. narażać na niebezpieczeństwo
12. dziwaczny, swoisty, oryginalny
15. to _____ to the pressure – ulegać presji
16. moda na coś, trend
17. to beat around the _____ – owijać w bawełnę
18. gut-_____ – przyprawiający o mdłości, ogromnie niepokojący
19. the _____ – dobra nowina, ewangelia

Down
2. uznawać
3. nasycić, zaspokoić
4. _____ of the situation – powaga sytuacji
7. _____-inspiring – wzbudzający podziw, zachwycający
8. economic _____ – zastój gospodarczy
9. natychmiast, niezwłocznie
11. obrady
13. urban _____ – niekontrolowane rozrastanie się miast
14. jałowy, surowy

Rozwiąż krzyżówkę zawierającą słówka z rozdziałów 22 i 23.

Across
1. pociągać za sobą
5. żywić, chować (np. urazę)
6. niegodziwy, niecny
7. włóczyć się, wędrować
9. ill _____ – uraza, niechęć
10. ustępstwo
14. nudny, przyziemny
15. straszliwy, przerażający
16. padać (o deszczu ze śniegiem)
18. półka (np. na bagaż)
19. to get the _____ of sth – połapać się w czymś, zrozumieć coś

Down
2. nieuchronnie
3. ogromny
4. zagłębiać się, zapuszczać się
5. wąż ogrodowy
8. pochłonięty
11. unieważniać
12. sygnał do rozpoczęcia
13. to _____ off the road – wypaść z drogi
17. to _____ on sb – opierać się na kimś, polegać na kimś

Rozwiąż krzyżówkę zawierającą słówka z rozdziału 24.

Across
1. krytykować, strofować
5. przejęty, rozemocjonowany
9. _____ train – pociąg towarowy
10. to _____ along – wlec się
11. jeden, jedyny, samotny
13. cichy, spokojny
14. to _____ oneself in sth – zatapiać/zanurzać się w czymś
16. iron _____ – ruda żelaza
17. dysza

Down
1. sielankowy
2. obeznany, kumaty
3. próg
4. mówić współczującym tonem
6. to _____ off – odmaszerować
7. to _____ sb – nabrać/oszukać kogoś
8. mind-_____ – zadziwiający, niepojęty
12. sprzeciw, protest
15. wchodzić (np. po schodach)

Rozwiąż krzyżówkę zawierającą słówka z rozdziałów 25 i 26.

Across

5. wyczuwalny
6. gangster
8. upływać, mijać
10. przerywać, zaprzestawać
12. *to have a* _____ – dobrze się bawić
14. przełożyć, odroczyć
15. oburzenie
17. *to* _____ *at sth* – wzdragać się przed czymś
18. _____ *expert* – biegły medycyny sądowej

Down

1. kaprys, zachcianka
2. dziesiątkować
3. zemsta, odwet
4. uspokajać się (o burzy)
5. małostkowy
7. jadowitość
9. przekleństwo, profanacja
11. boksować się, toczyć sparing
13. *in shreds and* _____ – w strzępach
16. *without* _____ – bez sprzeciwu
17. *to pass the* _____ – przerzucić na kogoś odpowiedzialność (za coś)

Rozwiąż krzyżówkę zawierającą słówka z rozdziałów 27 i 28.

Across

2. gafa, nietakt
4. potomek
7. osadzony, więzień
9. uwznioślenie, podniesienie rangi
10. *hair* _____ – mieszek włosa
14. upokarzający, sromotny
15. ślina
17. _____ *of symptoms* – wystąpienie pierwszych objawów
19. cofać się

Down

1. przeszkoda, bariera
2. płaty bawełny
3. zastępca
5. oburęczny
6. przestronny
8. zbędny
11. lukrecja
12. _____ *plan* – plan zagospodarowania przestrzennego
13. ścieg
16. _____ *ratio* – format obrazu
18. *on a high* _____ – w przyjemny sposób

Rozwiąż krzyżówkę zawierającą słówka z rozdziału 29.

Across

2. *the* _____ – rezultat, wynik
4. szczypawka, skorek
7. oddzielić się, oddalić się
8. *to get a* _____ – brać się w garść
11. elokwentny
13. akceptować, popierać

Down

1. *close* _____ – wyrównany (np. pojedynek)
3. rozbijać na elementy (np. składniowe, graficzne)
5. modne powiedzonko/słowo/wyrażenie
6. pomysłowy
7. stały, istotny
9. bezczelność, tupet
10. podupadający
12. doskonalić

Rozwiąż krzyżówkę zawierającą słówka z rozdziału 30.

Across
1. mimowolny, bezwiedny
4. stosować się (do czegoś)
5. bezmyślnie powtarzać, cytować bez zrozumienia
8. kwestionować, poddawać w wątpliwość
10. zalotnik
11. emisariusz, wysłannik polityczny
12. głosić, krzewić (o ideach)
13. *birds of a _____ flock together* – ciągnie swój do swego
14. kapitał akcyjny, akcje
15. naprzykrzać się
16. *architectural _____* – walory architektoniczne

Down
2. świątynia
3. *to play it _____* – dmuchać na zimne
6. pośrednik, mediator
7. *_____ for sth* – kandydat do czegoś
9. głęboki, dogłębny

Rozwiąż krzyżówkę zawierającą słówka z rozdziału 31.

Across

1. to _____ sth – być bodźcem do czegoś, dać impuls do czegoś
3. zajadły, burzliwy
7. głosowanie
9. bałwochwalstwo
14. podawać (o lekach)
15. stypa
17. pogarszać, zaostrzać
18. dożylnie

Down

1. kapusta kiszona
2. utrzymanie, pielęgnacja
4. szkodliwy, zgubny
5. rzeczowy, merytoryczny
6. domięśniowo
8. sprawca przestępstwa
10. _____ need – pilna potrzeba
11. dwustronny, obustronny
12. zwołać
13. szacunek, poważanie
16. _____ rigging – fałszowanie wyników głosowania

Rozwiąż krzyżówkę zawierającą słówka z rozdziału 32.

Across
- **4.** kadzenie, lukrowanie
- **6.** to _____ out – wykręcić się, wymigać się
- **7.** _____ benefit – świadczenie dodatkowe
- **9.** wrogość
- **12.** kaucja, poręczenie
- **15.** uspokoić, udobruchać
- **17.** niezrównany, niemający sobie równych
- **18.** wichrzycielski, wywrotowy

Down
- **1.** sprośność, nieprzyzwoitość
- **2.** _____ with sth – przepełniony czymś, nasycony czymś (negatywnym)
- **3.** podżegacz
- **5.** to _____ to sth – stosować się do czegoś
- **8.** oszustwo, podstęp
- **10.** zły uczynek
- **11.** zwolnienie za kaucją
- **13.** kick in the _____ – cios w samo serce, wielkie rozczarowanie
- **14.** wyczyn, dokonanie
- **16.** przydzielać, przyznawać

Rozwiąż krzyżówkę zawierającą słówka z rozdziałów 33 i 34.

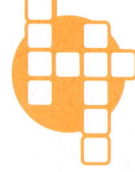

Across

5. podkolorować, ubarwić
7. chwytać
8. słabostka, dziwny nawyk
12. dopuścić się (o zbrodni, przestępstwie)
14. zniesławienie, oszczerstwo
16. to _____ at sb – gryźć kogoś, dręczyć kogoś (np. myśl)
17. wieża (figura szachowa)
18. skoczek (figura szachowa)
19. drożdże

Down

1. to _____ sth off – ignorować coś
2. sumienny, gorliwy
3. nieopisany, niewysłowiony
4. czczony, wielbiony
6. targować się
9. niewyraźny, rozmyty
10. fatalnie, okropnie
11. duże pióro
12. skubać (o piórach, włosach)
13. nieustępliwość, upór
15. ill-gotten _____ – nieuczciwie zdobyte pieniądze/środki

Rozwiąż krzyżówkę zawierającą słówka z rozdziału 35.

Across

- **4.** chłopak, koleżka
- **7.** czyż nie? (od *isn't it?*)
- **8.** to _____ sb out – wyssać z kogoś energię / wykończyć kogoś
- **9.** pobłażliwy, łagodny
- **11.** napakowany, muskularny
- **13.** dozór sądowy, kuratela
- **15.** zakosić, buchnąć, zwędzić

Down

- **1.** galaretowaty
- **2.** oślizgły, lepki
- **3.** to _____ on thin ice – stąpać po kruchym lodzie, robić coś niebezpiecznego
- **5.** to _____ at sth – zmierzać do czegoś (o czyjejś wypowiedzi)
- **6.** niezależnie od
- **10.** to _____ down – rozwalić się (np. na kanapie)
- **12.** to _____ sb in on sth – poinformować kogoś o czymś, wtajemniczyć kogoś w coś
- **14.** to _____ somewhere – skoczyć gdzieś

Klucz

UNIT 1

1. 1) often visited 2) is being 3) would take 4) have gathered 5) had already exchanged 6) has been awaiting 7) runs 8) would often 9) will stumble 10) had been driving

2. 1) b 2) a 3) b 4) b 5) a 6) b 7) a 8) a 9) b

3. 1) Have you ever met 2) attended 3) was 4) found 5) were not 6) had never met 7) pestered / would pester / used to pester 8) suspected 9) were hiding 10) had had 11) invented 12) would satisfy 13) were 14) had got 15) had been 16) didn't share 17) bought 18) swore 19) wouldn't tell 20) has never doubted 21) tried 22) had created 23) will think 24) dies

4. 1) used/had 2) been/gone 3) takes 4) had 5) would 6) being 7) already 8) being 9) will 10) going/planning/intending

5. 1) worked as a milkman / used to work as a milkman 2) when the time comes 3) was always using (preferred) / would always use / used to always use / always used 4) are you going to get your money back 5) have always liked rock music 6) the stream/brook had turned into 7) will already be sleeping then / will already be asleep then 8) while (I was) waiting for 9) would want to withdraw 10) had she been playing the piano

6. 1) are having a meeting so I will call 2) was doing / did yoga while her child was sleeping / slept 3) is taking Jim to his soccer practice 4) was struck by lightning while (he was) boating / while on a boat 5) had won because she hadn't thought 6) will be swimming in the crystal clear waters of the Indian Ocean 7) would try to put on a brave face 8) has been collecting coins for years 9) will fix it in no time 10) had been nagging him to move to the seaside / about moving to the seaside

UNIT 2

1. 1) The, the, the, the, the, the 2) The, a, a 3) The, a, –, –, –, an 4) a, the, a, – 5) –, a, the, the 6) –, the 7) a, the, the 8) a, –, – 9) –, –, – 10) –, the

2. 1) –, –, the, the, the 2) A, a, a, the 3) The, –, the, the/– 4) the, –, an, –, –/the 5) –, a, a, – 6) The, the, a, –, a, a 7) the, the, the 8) The, the, – 9) The, the, the, a 10) a, the, the, the, a

3. 1) the 2) – 3) The, the 4) a 5) a 6) A, the, the, the 7) the 8) The 9) A 10) –

Przykładowe uzasadnienia: 1) *the* before collective adjectives 2) no article with names of serious diseases like arthritis 3) *the* with the name of an archipelago, *the* with the name of a sea 4) *a/an* with jobs 5) *a* before a countable noun in singular if the pronunciation starts with a consonant 6) *a/an* before unique things/concepts preceded by an adjective 7) *the* to emphasise a particular day 8) *the* with names of rivers 9) *a/an* with simple ailments and illnesses 10) no article with names of sports

4. 1) the French, the British and the Poles 2) the oldest person to travel into space 3) there is life after death 4) the truth, the whole truth and nothing but the truth 5) a Jason Cane tried to get in touch with you / get in contact with you / contact you / get hold of you 6) The music of Beethoven 7) The inhabitants of the Isle of Man 8) I have had a terrible toothache 9) The young at heart 10) A poet has a unique perception of / outlook on

UNIT 3

1. 1) deer 2) cacti/cactuses 3) lice 4) crises 5) oxen 6) editors-in-chief 7) aircraft 8) people/persons 9) salmon 10) geese 11) phenomena 12) mice 13) criteria 14) parents-in-law 15) thieves 16) alibis

2. 1) compasses 2) force 3) peoples 4) manner 5) compass/compasses, wood/woods 6) scales 7) customs 8) wood 9) scale, damage 10) manners 11) damages 12) forces

3. 1) is / has been 2) is 3) has diversified 4) was 5) are looking 6) is 7) has just come 8) was 9) is 10) are / have been 11) is 12) have diminished

4. 1) brothers-in-law 2) news 3) is 4) was/were 5) means 6) criteria/requirements 7) criterion/

requirement 8) forces 9) looks 10) advice 11) was 12) work

5. 1) a dozen eggs 2) This piece of clothing is / These clothes are 3) has already been collected 4) my baggage has finally been found and is already on its way to my home address 5) – 6) hasn't been in use 7) sheep 8) – 9) any experience 10) 26 miles was the distance 11) – 12) it is not frizzy

UNIT 4

1. 1) winding / to be wound 2) to talk 3) to merge 4) to use 5) kowtowing, creating / to create 6) to disturb 7) to make 8) tamper / tampering 9) to study 10) representing 11) to soften 12) trickle / trickling

2. 1) c 2) g 3) e 4) a 5) h 6) f 7) d 8) i 9) b

3. 1) going to the seaside 2) would have meant wasting 3) let us do / allow us to do 4) us to split into pairs 5) to go to the bathroom 6) to open the door 7) to wake my aunt up / to wake up my aunt 8) dangling her legs / to dangle her legs 9) stopped to find her slippers 10) looking for them 11) didn't remember doing 12) sorry for bruising me 13) sleepwalking

4. 1) to have 2) seeing 3) to defend 4) to inform 5) to insult 6) walking 7) to remind 8) adding 9) to make 10) to interrupt / interrupting 11) harassing 12) getting up 13) to become 14) meeting 15) sharing 16) waking up

5. 1) regrets having relinquished / regrets relinquishing 2) (have) arranged for you to take 3) meltdown, the mother went on preparing 4) would prefer to eat in 5) means practising it 6) watched him create the tattoo 7) allows fishing / allows you to fish 8) stop to have a quick lunch 9) must have forgotten to reimburse 10) hates having to deal with / hates dealing with

UNIT 5

1. 1) looking forward 2) the key 3) had owned up 4) wasn't used 5) have been dedicated 6) in addition 7) stick 8) wasn't opposed 9) resorted 10) are addicted

2. 1) with a view to / with the aim of using them 2) pay more attention to adjusting 3) to get used to being 4) was similar to working 5) to admit (to) being jealous 6) was close to exposing the government's lies 7) is given to exaggerating 8) is devoted/dedicated to saving/rescuing 9) resorted to torturing (the) suspects 10) adjusting to breathing

3. 1) own 2) open 3) paid 4) objected 5) got 6) work 7) opposed 8) addition

4. 1) felt up to meeting 2) addicted to watching 3) forward to doing 4) view to improving 5) devoted, to tracking down 6) closer to finding out 7) used to not using 8) key to solving

UNIT 6

1. 1) two times more 2) as brilliant 3) as spoilt 4) more magnanimous 5) as few 6) as noxious / so noxious 7) as cool a place 8) as close to the stage 9) as much as we do 10) two times bigger 11) as big a pay rise 12) as slowly as 13) as he did 14) as much freedom 15) as good weather

2. 1) twice as big as 2) as significant a transgression as 3) – 4) as good as 5) nothing like as haughty and impolite as 6) – 7) – 8) as they do / as them 9) as little data as 10) as comfortable accommodation as

3. 1) as lively a town as 2) as easy an equation as 3) as useful advice as 4) as nebulous an explanation as 5) as zealous a participant as 6) as cold and aloof a woman as 7) as extravagant a dish as 8) as industrious a student as 9) as sincere an apology as

4. 1) three times as much as his wife (does) 2) As far as I know 3) there were as many as two thousand protesters 4) as indifferent an attitude as she could 5) as much as by any other chemical compound 6) as easy an operation as the doctors had estimated 7) as big an ice cream as mine 8) as little water as one litre 9) would have run twice as fast as John (had) 10) wasn't as/so hard as I thought

UNIT 7

1. 1) apologised for, complained about 2) not to bring 3) has been 4) reducing, to reduce (= I intend to reduce), that we should reduce 5) divulging, that I divulge 6) would be given 7) refused 8) making, that he should make, he make 9) prefers 10) insisted, demanded, advised

2. 1) He agreed to tell me his stance on the situation. 2) He warned me not to expect him to be a miracle worker. 3) He explained that my problem lay with my competition. 4) He accused them of stealing my designs. 5) He offered to help me prove my rivals' involvement. 6) He insisted on me getting a grip first. / He insisted that I should get a grip first.

3. 1) convinced her to withdraw 2) wanted to know whether/if I would accept 3) issued a warning not to sail out 4) told me to get rid of 5) I suggested that she (should) share / I suggested (that) she shared 6) forbade us to talk / from talking to the press 7) why I wasn't running for mayor 8) demanded to be shown proof/evidence 9) warned me against making/taking / warned me not to make/take 10) admitted (to) following me / spying on me

4. 1) as to whether I needed (any) assistance 2) showed no interest in understanding 3) to never lie to me / never to lie to me / that he would never lie to me 4) us profusely for taking / having taken our/the time to show 5) him to reconsider his decision 6) taking up a temporary job 7) about not having (any) access to the Internet / that she didn't have (any) access to the Internet 8) that they would publish the new regulations

5. 1) They gave us/me a guarantee that the device would work without fail for at least five years. 2) He accused me of fiddling with his console and breaking it. 3) They announced that they were going to introduce a totally new line of products the following month. 4) She advised me to read up on the subject before the discussion started. 5) She wondered whether/if he would ever be able to swallow his pride and admit that he had been wrong. 6) He apologised for having undermined my authority during the meeting. 7) He made a promise to always have my back. 8) She reminded him to take extra batteries for the flashlight. 9) He admitted (to) calling the cops. / He admitted (to) having called the cops. / He admitted that he had called the cops. 10) I wanted to know how he had managed to convince them that he was irreplaceable.

UNIT 8

1. 1) is claimed to have been fabricated 2) is expected to step down 3) is said to be tantalising people 4) have been reported to be still unaccounted for 5) was believed to have hit 6) is alleged to airbrush 7) are suspected to be developing one / of developing one 8) is thought to have fallen prey 9) were known to have 10) is rumoured to have been talking 11) are said to have been other clues 12) is believed to compel us 13) appears not to have sustained / doesn't appear to have sustained 14) is considered to amplify

2. 1) are reported to be missing 2) They were last seen talking 3) they were considered/thought/believed to be typical 4) they were expected to come back home 5) It is widely/commonly known 6) they are rumoured to have been involved / mixed up 7) is said to have appeared 8) The local chief of police is expected to make

3. 1) – 2) said to have been built 3) believed to have been sleeping 4) considered to be 5) heard to rant / heard ranting 6) said to have been trapped 7) – 8) we are to open 9) rumoured to be trained / to have been trained

UNIT 9

1. 1) told 2) had known 3) didn't waste 4) hadn't had 5) are / were 6) have watched 7) would stop 8) overthrew 9) not entrust 10) had to

2. 1) got up 2) had started 3) were, didn't exist 4) had been 5) would hurry up 6) eat 7) sold

3. 1) a 2) c 3) b 4) a 5) b 6) c

4. Przykładowe odpowiedzi: 1) **a)** I'm not very hopeful it will stop raining. | **b)** I express my hope for the future. 2) **a)** The reference is to the present/future. | **b)** The reference is to the past. 3) **a)** It's likely that he is well-off. | **b)** He isn't well-off, but maybe he was in the past. 4) **a)** We are talking about a possible situation. | **b)** We are talking about hypothetical situation. 5) **a)** It's a formal, hypothetical situation. | **b)** It's just theoretical.

5. Przykładowe odpowiedzi: 1) **a)** of the lessons weren't / wasn't so fast **b)** paid more attention to me / wasn't/weren't so demanding **c)** I was / I am less intelligent than they are **d)** moved to another group / changed groups **e)** hadn't paid for the whole semester 2) **a)** do such repetitive tasks every day **b)** wouldn't / didn't gossip all day long **c)** I didn't exist **d)** found another job **e)** hadn't been hit by the recession 3) **a)** had seen this online offer earlier / hadn't bought these shoes **b)** were of a different colour **c)** I were wearing wooden shoes / they were made of wood **d)** hadn't got smudged / could be read **e)** stopped buying such uncomfortable shoes

6. 1) about time we moved our boy 2) would rather not use spurs or a lash 3) as though he/she had five years' experience 4) wish they would finally stop drilling 5) sooner you didn't act 6) had not given you the hint 7) as if/though he had invented 8) only I could go 9) it high time they built

UNIT 10

1. 1) She will have completed her studies 2) She will have got married 3) She will have had two kids and a dog 4) She will have built/bought a house 5) She will have written a book

2. 1) will have got down 2) will have drained 3) will have been broadcasting 4) will have got over 5) will they have been co-operating 6) will have been representing / will have represented 7) will have been thrown 8) will have gone to sleep 9) will have reached 10) will have been driving, will have got

3. 1) will have been granted tenure 2) will have been in labour for fifteen hours 3) won't have found a cure for terminal diseases like cancer 4) will have already made him a scapegoat 5) will have learnt / will learn the rudiments of the game 6) will have known each other for twenty years 7) will have been forced out of their houses 8) won't have resolved the issue before she comes back

4. 1) we will have been renting this flat for exactly one year 2) will have left the office 3) I will have been working in the human resources department for ten years 4) robots will have replaced teachers 5) will have already forgotten 6) will have been walking/trekking for three hours 7) Will you have finished by the time / before he sends 8) they will have done/completed all the work

UNIT 11

1. 1) Given 2) doing / having done 3) Waiting 4) Having been instructed 5) described 6) Asked / Having been asked 7) Not being 8) Having found 9) treated 10) entering

2. 1) Walking 2) Having sent 3) given 4) injured 5) ordering 6) having met 7) Driving 8) revealing / having revealed 9) Shot / Having been shot 10) boiled 11) Found 12) Having spent

3. 1) Exhausted from hours of walking, she dozed off in an armchair before we brought dinner. 2) (On/Upon) entering the building, you will have to go through a security gate. 3) Not having done it before, I was nervous about giving my best man's speech. 4) Not wanting to betray his friends, the boy avoided answering the questions. 5) Hidden in the cave, the treasure wasn't discovered for centuries. 6) After being / Having been severed from its body, a sea snail's head can grow a whole new body. 7) Having forgotten to set his alarm, he woke up an hour late. 8) Switching on my computer, I noticed there was something wrong with the screen. 9) Given the opportunity, she can breathe new life into our designs. 10) Having had an argument, they vowed to never talk to each other again.

4. 1) Having finished cleaning the house 2) Being the hardest and rarest precious stones 3) if delivered without delay 4) Having been trained by the best instructors/coaches 5) when observed from Mars 6) being sung now 7) Looking at her reflection in the mirror 8) Having read the (instruction) manual 9) sipping a/her drink and smiling at him 10) attacked by the angry

UNIT 12

1. 1) would like to have done 2) seem to have been doing 3) must have done 4) remember having done 5) may have been doing 6) would prefer to have done 7) be supposed to have done 8) admit (to) having done

2. 1) b 2) c 3) a, b 4) a, b 5) a 6) b, c 7) b 8) a, b 9) c 10) a, c 11) b 12) a, b

3. 1) to have been 2) to have done 3) to perceive 4) to already loom / to have already loomed / to have already been looming 5) going 6) Having taught 7) to explore 8) (to) sail 9) have had 10) having cheated / cheating 11) having won / winning 12) to have liked 13) feeling

4. 1) admitted (to) having taken 2) I would hate to have missed 3) – 4) – 5) He is alleged to have been involved 6) She appears to have known 7) accused of having violated 8) – 9) He would prefer to be dancing 10) remember working

UNIT 13

1. 1) b 2) a 3) b 4) c 5) a 6) c 7) b 8) c 9) c 10) a 11) b 12) c 13) a

2. 1) In case of 2) consequently 3) Moreover 4) due to 5) on condition that 6) whilst 7) so that 8) even though 9) regarding 10) despite

3. 1) due to / owing to / because of 2) while / whilst 3) as long as / on condition that 4) Even though / Although / Though 5) (just) in case 6) despite / in spite of 7) hence 8) on the grounds that / as / since / because / for 9) However / Nevertheless / Nonetheless 10) Moreover / What's more / Apart from that / On top of that / Besides / Furthermore / In addition to that

4. 1) In spite of her irritation 2) as long as she achieves 3) so as to make sure nobody could hear / so (that) nobody could hear 4) Boldly though he acted / (Even) though he acted boldly 5) While I'd like to go on an exotic holiday 6) so (that) she could become 7) spite of not being given / spite of not having been given 8) in case the cat tries to jump

UNIT 14

1. 1) neither 2) none 3) both 4) seldom 5) either 6) unlikely 7) hardly 8) nor 9) anything

2. 1) is 2) Is 3) have 4) seem 5) is 6) smokes, drinks 7) knows/know 8) is 9) declare 10) works

3. 1) were/was 2) hibernate 3) goes 4) want 5) seems, ends 6) has / will have 7) are working / work 8) is, has faded 9) denounce 10) indicates / has indicated

4. 1) both 2) hardly/barely 3) either 4) all 5) Neither 6) none 7) Much/Hard 8) All 9) most/ some 10) no 11) anything 12) each 13) all 14) both 15) anywhere/out

UNIT 15

1. 1) so 2) too 3) such 4) so 5) enough 6) too 7) Such 8) too 9) enough 10) so

2. 1) complicated a plot to be described in just three sentences 2) was his terror that he didn't dare move or breathe 3) cloistered was the environment he grew up in that he knew only one kind of people 4) good a spot that we began to spend most of our time there 5) determination did they show during the internship that it was clear they would do anything to stay on in the company 6) serious an attack to turn a blind eye to 7) a widespread spillage is it that the whole ecosystem is threatened 8) woefully inadequate is access to education in this African country that there cannot be any comparison with European countries 9) traumatic an experience for the child to forget 10) was the force of the wind that several trees in the area were uprooted

3. 1) for you to lift 2) was such that 3) not strong enough 4) So tedious was 5) too expensive to buy 6) too extravagant to wear for 7) so bold a move that / such a bold move that

4. **Przykładowe odpowiedzi**: 1) a) small a car to be used by a family b) expensive a car that only some (people) can afford it c) is the speed of the car that it can win many car races 2) a) beautiful a girl that she turns heads b) tall enough to be a model c) formal an outfit to wear to the gym 3) a) spicy are the peppers that they shouldn't be eaten raw b) common a vegetable not to be known by cooks c) is the heat of the peppers that only few people decide to eat them

UNIT 16

1. 1) to be talking 2) to 3) make/be 4) happened 5) happen to hear 6) happen to have observed / happened to observe 7) made it 8) make

2. 1) happened/happen 2) Did you happen 3) will never make 4) happens 5) made 6) would have made 7) wouldn't happen 8) (have) made 9) makes 10) Do you happen 11) would make 12) happen

3. 1) happen to know 2) happens to keep 3) Did you make it to the lecture 4) happen to be playing 5) to make it to the/your next show 6) (have) made it to the main part 7) don't we happen to have passed that fallen tree already 8) he will make it on time 9) happened to be 10) wouldn't make it to the exit

UNIT 17

1. 1) lay 2) ground 3) bit 4) tore 5) stridden 6) stank 7) mown 8) clad/clothed 9) bore 10) sewn/sewed

2. 1) sought 2) knit/knitted 3) leaped/leapt, crept 4) shed 5) laid 6) burst 7) bound 8) spilled/spilt 9) slain 10) dreamed/dreamt

3. 1) fed 2) broke 3) bled 4) spelt 5) clung 6) arose 7) bore 8) withdrawn 9) dwelt 10) wept

4. 1) What spoilt the film for me 2) fled the country 3) hand-woven textiles/fabrics are sought after 4) a widow is burnt to death 5) wound their colourful ribbons 6) has shrunk by three sizes in the wash 7) If you are/get stung 8) had just learnt about a failure 9) flung/threw her arms around his body 10) it has just been ground

UNIT 18

1. 1) were/was, wouldn't have left 2) would be celebrating, hadn't had 3) had posted, would be inundated 4) would have got, were 5) wouldn't have plunged / wouldn't have been plunged, had 6) wouldn't be crying, hadn't dropped 7) had followed, would be studying 8) wouldn't have happened, respected

2. 1) If dinosaurs hadn't died out, what would the most dangerous predator be now? 2) If you had chosen a different school, what would you be doing now? 3) If you were a genius, would you have started school earlier? 4) If the telephone and the computer hadn't been invented, how would we communicate / be communicating now? 5) If you could turn back time, how would you have spent the 2020 lockdown? 6) If Germany had won WWII, what would the world look like now? 7) If you hadn't been born in Poland, what country would you live / be living in now? 8) If you had more siblings, what would your childhood have looked like? 9) If the French Revolution hadn't happened, would we have capitalism now?

3. 1) If she didn't have an elderly aunt to take care of, she would have gone on holiday last month. 2) If he wasn't/weren't (so) absent-minded, he wouldn't have forgotten about our meeting. 3) His boss wouldn't be telling him off now if he hadn't come to work late again. 4) If she wasn't/weren't so gullible, she wouldn't have been fobbed off so easily. 5) If we hadn't walked for four hours straight, we wouldn't be exhausted. 6) The new government wouldn't have serious problems now if its predecessors hadn't left the state finances in disarray. 7) She would be

working with a spark in her eyes if he hadn't cooled her ardour with some harsh words.

4. 1) you don't want your surname to appear in the newspaper 2) I needed advice 3) she studied hard for the test 4) he took the medicine 5) they wanted to cool off 6) she is allergic to nuts

UNIT 19

1. 1) They insisted that we hold the meeting as soon as possible. 2) It is essential that she not disclose any details of the settlement. 3) Once the armistice came into effect, they suggested the country be split into two independent states. 4) We recommended the company be restructured in order to revive profits and compete with new rivals. 5) It was highly desirable that the brutal, ruthless tyrant be removed. 6) It is vital that an amputee have a comfortable and well-made artificial limb. 7) They request the issuance of the mittimus be delayed. 8) He demanded the new owner give him back all the family heirlooms recovered. / He demanded all the family heirlooms recovered by the new owner be given back to him.

2. 1) Far be it from me 2) heaven forbid 3) so be it 4) Long live 5) Suffice it to say 6) come what may 7) be that as it may

3. 1) be 2) should 3) Suffice 4) let 5) be 6) may 7) Far 8) meet 9) choose/set 10) be

UNIT 20

1. 1) all the disruptions are removed 2) than 3) did he falter 4) you tell 5) realised 6) should you 7) Little 8) did I catch 9) can you 10) comes

2. 1) once did he smile at me 2) did she harbour a grudge against him, but she also avoided 3) in my life have I heard a more gut-wrenching testimony 4) sooner had the conference started than 5) no way are they to disturb 6) did I suspect/know/realise that my family had prepared 7) had she gone outside when it started 8) do people visit such wild and barren places 9) like novelties nor did he fall 10) comes the bride

3. Przykładowe odpowiedzi: 1) before / in my life 2) way 3) had we started 4) does she have/own 5) did I know/realise 6) nor could we 7) I to be disturbed/interrupted 8) a person / anybody / an individual have 9) did he say / was spoken/said 10) sooner had I opened 11) so do 12) once has he

4. 1) no circumstances will I betray 2) all the traces had been secured could they 3) did she understand why 4) no time / no point in time (in his whole life) did he acknowledge her 5) is it possible to return goods 6) no account should/must you show 7) had they got married than she became 8) nor did he (remember to) 9) until many years (had) passed did the truth come 10) There go my dreams

UNIT 21

1. 1) b 2) a 3) a 4) a 5) b 6) b 7) a 8) a 9) a 10) b

2. 1) Were we to cede to the pressure of those in power, that would be the end of the opposition. 2) Only when we win the upcoming election, will we be able to introduce new reforms. 3) Such is the situation that we all have to tighten the purse strings. 4) Should the present economic slump continue, we will face serious challenges in the nearest future. 5) So positive was the response to our initiative that we decided to channel the funds to research. 6) Had the government changed their financial policy, we wouldn't have to tackle all these issues now.

3. 1) Were the project to make use of a bold and audacious design, our company would be interested in it. 2) Should you notice any discrepancies / Should there be any discrepancies, notify us forthwith. 3) Had we not reacted swiftly and firmly, we wouldn't have managed to avoid a hostile takeover. 4) Were I in your shoes / Were I you / Were I to advise you, I wouldn't hesitate even for one moment. 5) Should there be any further enquiries, redirect them to our sales department. 6) Had the local authorities listened to experts, they wouldn't have to look for ways to mitigate the urban sprawl now. 7) Were I to accept the first three points of the deal, you would have to offer something better in the fourth one. 8) Should you change your mind, we will be happy to accommodate your wishes. 9) Were he less / not so charismatic, I wouldn't have agreed to help him so readily. 10) Had she eaten breakfast, she wouldn't have been ravenously hungry later.

UNIT 22

1. 1) should encounter 2) would be sipping 3) will wait 4) hadn't been watching 5) have settled 6) are going to make 7) would send 8) were to change 9) have been using 10) wasn't sleeting

2. 1) c, hadn't been driving / hadn't driven 2) g, Should you need / If you (should) need 3) h, were to do 4) e, have apologised / apologise 5) b, will be / would be 6) f, would send / sent 7) a, wouldn't be talking 8) d, has/have finished / finishes/finish

3. 1) wouldn't have quit 2) have read / read the terms of the contract 3) weren't/wasn't recording his/a/the podcast 4) are going to take our/the case 5) had been looking where you were going 6) will/would be so kind 7) have finished / finish unpacking the groceries 8) would/could kindly use cash instead of 9) would be wandering the winding streets of Lisbon 10) will keep / keeps interrupting us

UNIT 23

1. 1) met 2) finish / have finished 3) gets, have been 4) had he got 5) is recovering / recovers 6) was 7) (had) found 8) was running 9) had barely made 10) picks up

2. 1) ever since 2) the moment 3) while/as 4) until 5) Hardly 6) by the time / before 7) until 8) while/as 9) by the time / before 10) ever since 11) the moment 12) hardly

3. 1) had no sooner gone through 2) until two years later 3) the moment she enters the room 4) when suddenly we got a flat tyre / a puncture 5) while the others were running around in panic 6) Now that I have got to know him better 7) by the time / before the bell rings 8) While (I was) going by train / On the train 9) As the plot of the film unfolded 10) had hardly turned off my computer when / had no sooner turned off my computer than

UNIT 24

1. 1) On the threshold of my flat / In the middle of the room 2) This type of behaviour 3) That cinema I told you about 4) Into the room 5) In front of us 6) An arm and a leg 7) Rarely 8) A very expensive watch 9) How they managed to dupe the officials 10) In the middle of the room / On the threshold of my flat

2. 1) Such a bargain I couldn't resist! 2) What started this stupid feud nobody remembers. 3) Not for a second did I trust him. 4) Next to the kitchen (there) is a spacious, airy room. 5) Gone are my hopes of finding an affordable place to live. 6) Off you trot. 7) Humongous they were! 8) Quite a commotion he caused with his dissent. 9) Up in the air flew the balloon. 10) Carved in the white bark of the birch were the initials of the lovers.

3. 1) lives my sister-in-law 2) there she was 3) Off you go 4) in my life have I felt 5) they are sold online with a discount 6) At the end of the trail (there) were picturesque turns 7) came a freight train 8) (The fact) that she got/achieved a black belt in taekwondo at her age 9) but especially/ particularly tech-savvy is Jim 10) What he is going to do now

4. 1) Down came the exchange rate of the Swiss franc and up went the hopes of millions of mortgagees. 2) Away went the hurricane and back came the smiles. 3) Out of the room he rushes and down falls the curtain. 4) Off went the alarm clock and up I jumped in my bed.

UNIT 25

1. 1) I have done the dishes three times this week, so why won't you (do it) today? 2) If required, we will arrange for some extra training for you. / If some extra training is required, we will arrange it for you. 3) She asked me to change her name in the article for fear of reprisals, and I did so / that's what I did. 4) He didn't choose medical studies even though his parents expected him to (do so). **5)** Unless antagonised, he should do the job without demur. **6)** You didn't want me to look into that case so I'm not. **7)** While in court, we could feel the palpable venomousness between the antagonistic spouses. **8)** You can use my outdoor pool and jacuzzi if you want (to).

2. 1) The storm having subsided **2)** Ten days having elapsed **3)** Their filthy clothes (being) in shreds and tatters **4)** With new evidence arriving **5)** the band playing *The Army Song* **6)** My work for the day (being) over **7)** Her boss having given his consent **8)** Weather permitting **9)** The last words of the actor uttered **10)** God willing

3. Przykładowe odpowiedzi: Once ~~you become~~ a primary school pupil, you become involved in discovering the unknown and absorbing novel ideas. You want to learn new exciting things and explore the world around you, but the hopes of ~~learning new exciting things and exploring the world~~ **doing so/it/that** are not always fulfilled / but **those** ~~the~~ hopes ~~of learning new exciting things and exploring the world~~ are not always fulfilled. Although ~~lessons are~~ full of various tasks, the lessons may sometimes be boring / Although lessons are full of various tasks, ~~the lessons~~ **they** may sometimes be boring, especially if you have wider interests or a shorter attention span. ~~As I was~~ **Being** wild at heart, I was often uninterested in what the teacher was saying, and preferred to find more exciting things to do. One day, while ~~my friend and I were~~ at school, my friend and I discovered / while my friend and I were at school, ~~my friend and I~~ **we** discovered that we could easily slip out of the school premises, and we ~~slipped out of the school premises~~ **did so** / and ~~we slipped out of the school premises~~ **that's what we did** during a break. It was easy because the janitors, ~~who were~~ occupied with cleaning the floors, were not paying any attention to us. I talked my friend into skipping the last two lessons and going to my house instead, which she did, although ~~she did~~ not ~~do it~~ without some bribery (I promised to let her play with my brand-new doll). We had a blast, but the next day we got a nasty reality check, when it turned out that the usually forgetful PE teacher had taken the register, as if ~~it was~~ by sixth sense, and spotted our absence. My friend said we should confess to our older sisters, but I didn't plan to ~~confess to my older sister~~ (**do so**). The end result was she got a really good spanking as her parents had learnt about our truancy, but mine never ~~learnt about our truancy~~ **did**. And now, even if they ~~learn about our truancy~~ **do**, it's too late to give me a spanking!

UNIT 26

1. 1) b, c **2)** a, b **3)** a, b, d **4)** b, c, d **5)** b, d **6)** a **7)** c

2. 1) My aunt sent me china cups, all of which were hand-painted. **2)** There were a lot of celebrities at the event, some of whom I recognised from TV. **3)** We saw some amazing sculptures at that gallery, none of which were for sale, unfortunately. **4)** My parents, neither of whom is an artist, approve of my music career. **5)** The professor's remarks caused a wave of indignation among students, the vast majority of whom later boycotted his lectures. **6)** He writes really gripping novels, several of which have already been adapted to stage. **7)** They decided to invest money from their two retirement funds, both of which had been completely decimated by the time the deal turned out to be a scam. **8)** She criticised his use of language in front of his boss, which was petty and spiteful of her.

3. 1) a) This is my friend who I made this necklace for. **b)** This is my friend for whom I made this necklace. **2) a)** The forensic experts are examining the surfaces which he might have left his fingerprints on. **b)** The forensic experts are examining the surfaces on which he might have left his fingerprints. **3) a)** We can finally enjoy the moment we've been waiting for. **b)** We can finally enjoy the moment for which we've been waiting. **4) a)** These are the new responsibilities that all of us will have to adjust to. **b)** These are the new responsibilities to which all of us will have to adjust. **5) a)** He is her chess arch-rival (who) she has always competed with. **b)** He is her chess arch-rival with whom she has always competed. 6) **a)** Scaling fish is the only thing she baulks at. **b)** Scaling fish is the only thing at which she baulks.

4. 1) She would always try to pass the buck, which is why I didn't like working with her. 2) He gave her a huge diamond ring, which was what she had always dreamt of. 3) They went to Venice for the weekend, which is/was where he decided to propose to her. 4) He started bragging about his escapades, which is/was when I knew he was just full of hot air. 5) My friend had accidentally spilled the beans, which is how my parents learnt about my pregnancy.

5. 1) which point he gave in to her whims 2) majority of whom were seriously injured 3) which is why the manager doesn't like her 4) which case we will use a marquee 5) purpose/point/aim of which is to familiarise the public with the concept of guerrilla gardening 6) which took the teacher aback / which is why the teacher was taken aback 7) whose forgiveness I'm begging now

UNIT 27

1. 1) is 2) is/are 3) are 4) are 5) is 6) have been 7) are 8) is 9) is 10) has been 11) are/is 12) is

2. 1) boasts 2) is 3) has increased 4) employ 5) continues/continue 6) has 7) need 8) causes

3. 1) the rest of the crew were saved 2) Most / The majority of luxuries in our life are 3) neither the weather nor the news was pleasant 4) has many direct references to 5) the committee want only sandwiches, claiming they are not hungry 6) everybody/everyone has already forgotten 7) is the maximum time in which 8) hope to win 9) are/is involved in the case 10) a number of warnings have already been issued 11) has a police fleet including 12) Everybody dreams of fame or wealth

UNIT 28

1. 1) two thirds 2) times 3) one quarter 4) Three thousand 5) square root 6) divided, equals 7) nil-nil 8) Four point eight two seven, four point eight three 9) cubic 10) months 11) odd 12) nought

2. 1) d 2) g 3) i 4) e 5) h 6) f 7) a 8) c 9) b

3. 1) nickel/fiver 2) quid, penny 3) Dime 4) grand 5) buck

4. 1) one hundred and thirty square feet 2) three-dimensional 3) nineteen hundred 4) seven eighths 5) fifteen-love 6) six to one 7) five (degrees) below zero / minus 5 degrees Celsius/centigrade 8) twenty-five per cent, three quarters 9) the square root of forty-nine 10) four by three, sixteen by nine

UNIT 29

1. Przykładowe odpowiedzi: 1) The dog is about/bound/likely to attack 2) It was worth getting up so early / It was worth it to get up so early 3) They are about to knock and ask for a trick or treat 4) His plane / He is due to depart in three hours 5) It wasn't worth committing the crime / It wasn't worth it to commit the crime 6) There is bound to be a storm

2. 1) bound/sure to give us 2) it was set to be 3) certainly is a story worth telling 4) was less likely to win 5) were due to go 6) were (supposed) to go sightseeing 7) was on the verge/brink of bursting into tears 8) was on the brink/verge of a nervous breakdown 9) there was bound to be a/some punishment 10) Why don't you write

3. 1) is bound to help 2) who is on the brink of 3) don't you/we parse the words into graphemes first and then assign 4) is due to come into 5) was on the point of giving 6) child to be left unattended 7) isn't likely to put up 8) were busy being invented 9) if we are to be on 10) is set to be a closely-fought/close-fought

UNIT 30

1. 1) was the first woman to become 2) were no chocolates left 3) only to learn 4) on him explaining the architectural merits of the temple

5) the documents to be sent 6) is no point (in) denying (that) 7) many of our stocks 8) for the taxi driver to come 9) fewer than fifty inquiries 10) many wooers importuned her

2. 1) no less than 2) – 3) the first to use 4) to analyse facts, not regurgitate them 5) for the star to leave 6) there is a large amount of / a great deal of 7) – 8) A good many 9) There is no sense (in) keeping / no point (in) keeping / It makes no sense to keep 10) my/me coming

3. 1) don't/won't mind me taking 2) such a lot of practice 3) am the last to impugn her loyalty 4) only to find (out) that most of his old data was incompatible 5) for a prenuptial to be signed by her / that a prenuptial be signed by her 6) for everybody to be prepared / that everybody (should) be prepared 7) rely on intermediaries to negotiate with corrupt authorities 8) arranged for her to study dancing and singing

UNIT 31

1. 1) on, about 2) for 3) at 4) of 5) over, about 6) for 7) to 8) on, over 9) of 10) upon, on

2. 1) – 2) into 3) to 4) – 5) on 6) of 7) for 8) to 9) – 10) –

3. 1) an investigation into 2) will comprise a shopping mall 3) to discuss the latest 4) – 5) control of/over the castle 6) solution to the quandary 7) married her / got married to her 8) call your lawyer / make a call to your lawyer

4. 1) affect marine life in a negative way 2) granted/gave us unlimited access to the database 3) no governmental restrictions on immigration/immigrating 4) encounter with a giant squid was quite unexpected 5) the parish council contacted you 6) an increase in the number of participants at our annual conference 7) a call on an old friend of mine / a visit to an old friend of mine 8) particular emphasis/stress on the strength 9) a preference for oral or intravenous 10) their official request for access to our files

UNIT 32

1. 1) of 2) of 3) of 4) to 5) with 6) from 7) for 8) to 9) with 10) from

2. 1) exempt **from** 2) jealous **of** 3) ingratiate myself **with** him 4) immune **to** 5) typical **of** 6) coincided **with** 7) preferred hanging out with my male classmates **to** spending 8) charged **with** 9) stemmed **from** 10) notify our parents and the school **of** our misdeeds 11) pleaded **with** him 12) tampering **with** 13) resulted **in** 14) complying **with** 15) associate going on a school trip **with** being

3. 1) was expelled from university 2) visibly jealous of her genius and achievements 3) insisted on my/me giving/making/delivering a farewell speech 4) to notify the police of his whereabouts 5) could/would refrain / refrained from making comments 6) somebody had undoubtedly tampered with the documents 7) charged with drunken driving / drink-driving 8) her house was crammed with boxes and junk 9) became famous for being the first British monarch to voluntarily abdicate 10) earmark some part of the income/proceeds/revenue for

4. 1) charge for 2) insisted on 3) account 4) immune to 5) expelled from 6) result 7) suspect 8) decline 9) typical of 10) packed/crammed with

UNIT 33

1. 1) to make a mountain out of a molehill 2) to see eye to eye with sb on sth 3) to be on cloud nine 4) once in a blue moon 5) to have one's head in the clouds 6) sth doesn't hold water

2. 1) in return 2) beyond/without a/any shadow of a doubt 3) is away with the fairies 4) on the verge of 5) at the expense of others / at others' expense / at other people's expense 6) calling it a day 7) being taken for granted 8) might have been put at risk

3. 1) the tournament five times in a row 2) get away with 3) gnawing sense that this revered Broadway classic had seen better 4) make a mountain out of a molehill 5) to my disappointment, there was not a living soul 6) investigations into libel for the time being 7) belongings were checked one at a time 8) made my day

UNIT 34

1. 1) b 2) a 3) a 4) b 5) b 6) a 7) b

2. 1) Necessity is the mother of invention. ~~my~~ 2) Half a loaf is better than none. ~~of~~ 3) Don't look a gift horse in the mouth. ~~at~~ 4) A bird in the hand is worth two in the bush. ~~tree~~ 5) Curiosity killed the cat. ~~has~~ 6) You have made your bed, now lie in it. ~~well~~ 7) Never put off till tomorrow what you can do today. ~~away~~

3. 1) When the cat's away, the mice will play. 2) A friend in need is a friend indeed. 3) He who laughs last laughs longest/best. 4) It's no use crying over spilt milk. 5) If you pay peanuts, you get monkeys. 6) Birds of a feather flock together. 7) A stitch in time saves nine. 8) The early bird catches/gets the worm. 9) It's better to be safe than sorry. 10) Let sleeping dogs lie.

4. 1) Two heads are better than one. 2) It never rains but it pours. / When it rains, it pours. 3) a needle in a haystack 4) When in Rome, do as the Romans do. 5) All that glitters is not gold. 6) It's no use crying over spilt milk. 7) To err is human, to forgive divine.

UNIT 35

1. 1) d 2) h 3) f 4) c 5) i 6) a 7) j 8) e 9) g 10) b

2. 1) am crap at physics 2) Blimey 3) you are such a cheeky bloke/chap/fella 4) who the folks in the crowd were 5) Bugger off / Get lost, you moron/dimwit 6) is pissed off that you screwed the deal up / blew the deal 7) in front of the telly with my wee sister 8) didn't have a clue what the heck it/that was 9) seems to be bloody monotonous 10) It serves / Serves you right

3. Przykładowe odpowiedzi: 1) ~~flipping cold~~ → freezing cold 2) ~~a groovy spot~~ → a very popular place 3) ~~there was less people~~ → there were fewer people 4) ~~was already pissed off~~ → was already upset 5) ~~his car was bust~~ → his car had broken down / was broken 6) ~~bloody good cake~~ → delicious cake 7) ~~pretty cheeky~~ → quite audacious 8) ~~drop-dead gorgeous~~ → very attractive 9) ~~his mates at the office~~ → his colleagues 10) ~~to take the piss out of him~~ → to make fun of him 11) ~~told the defence lawyer to bugger off~~ → declined the defence lawyer's offer 12) ~~weren't no~~ → was not 13) ~~moron~~ → a fool 14) ~~blew it~~ → mishandled the case 15) ~~folks would eat him alive~~ → there would be a public outcry / the public would criticise him

REVIEW

1. 1) c 2) b 3) b 4) a 5) c 6) b 7) c 8) c 9) c 10) a 11) b 12) a 13) b 14) c 15) b 16) c 17) a 18) b 19) b 20) c 21) c 22) a 23) b 24) c 25) b

2. 1) are believed to have set fire 2) seemed to have done it 3) only to find him lying 4) would sooner have faced 5) too treacherous a river to cross 6) happened to forget to take 7) ever since he ran into a tree 8) is on the verge of becoming 9) a dozen people were ginning cotton 10) relies/relied on him making smart decisions 11) as big a promotion as she had hoped for 12) Suffice it to say 13) being / to be discussed now 14) resorted to covering his receding hairline with 15) birds of a feather flock together 16) we (should) discuss the risks and benefits 17) so freaking cold 18) weren't/wasn't such a pain in the neck 19) had I experienced such an immense pang of guilt 20) is said to be gradually improving

3. 1) with a view to saving many a 2) had been negotiating for three weeks 3) being / to be spoilt rotten 4) sleeping dogs lie 5) on being notified the moment 6) coming up with a brilliant idea for an ad / the fact that she came up with a brilliant idea for an ad 7) three quarters of the members disapproved 8) to my astonishment/surprise, I saw 9) is on the point of leaving 10) was a child have I visited 11) has been a dramatic increase/rise in 12) like to go to the dentist 13) have an upset stomach if he had eaten 14) he hadn't gone into politics 15) nowhere near as exciting as 16) appears to have withstood 17) which case the impeachment process is **18)** admitted (to) having been in possession **19)** no use crying over spilt **20)** date of her wedding coincides with

4. 1) Having got rid of her unwanted audience **2)** have brought the world to the brink of destruction **3)** On the table was lying a cat **4)** will have already been taken **5)** The Seychelles, located in the Indian Ocean **6)** are looking forward to meeting **7)** his diagnoses are not as accurate as others **8)** as if/though she had never heard the nasty rumours **9)** come what may **10)** she stopped crying, did we learn **11)** had prepared the documents/documentation earlier **12)** The contract (being) signed **13)** vast majority of whom had emigrated **14)** They are (highly) unlikely / They are not likely to make it to the beginning **15)** (It) serves him right **16)** needn't have made a mountain out of a molehill **17)** was witness to many inappropriate situations **18)** are discussing online indices **19)** seems to have travelled a lot **20)** don't feel up to giving you advice

Rozwiązania krzyżówek

Krzyżówka do słówek z rozdziału 1.

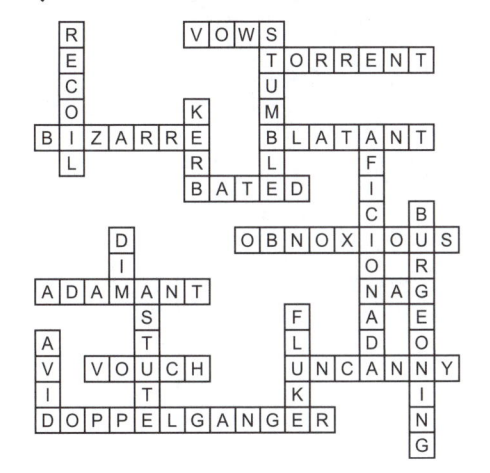

Across/Down answers: VOWS, TORRENT, RECOIL, BIZARRE, BLATANT, KERFUFFLE, BATED, OBNOXIOUS, SUM, DI..., ADAMANT, NAG, VOUCH, UNCANNY, DOPPELGANGER, AVID, BROAD, FAKING

Krzyżówka do słówek z rozdziału 2.

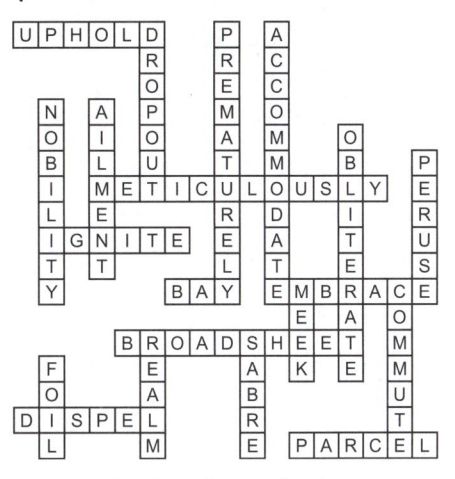

UPHOLD, PROP, ACCOMMODATE, NOBILITY, AIL, PREMATURE, METICULOUSLY, OBITUARY, PERUSE, IGNITE, BAY, EMBRACE, BROADSHEET, FOOL, DISPEL, BEAM, BREAK, MUTE, PARCEL

Krzyżówka do słówek z rozdziału 3.

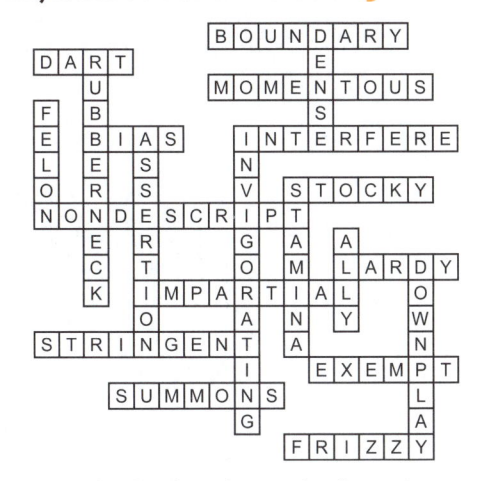

DART, BOUNDARY, MOMENTOUS, FELLOWS, BIAS, INTERFERE, STOCKY, NONDESCRIPT, LARDY, IMPARTIAL, STRINGENT, EXEMPT, SUMMONS, FRIZZY

Krzyżówka do słówek z rozdziału 4.

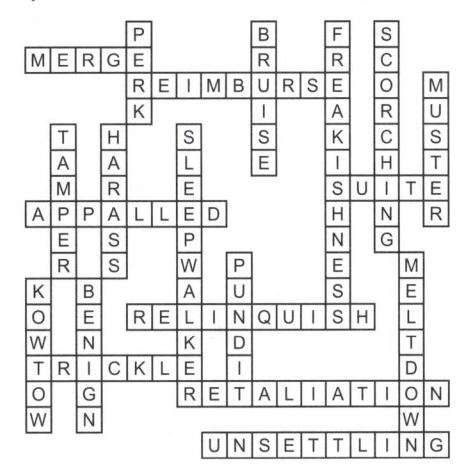

MERGE, REIMBURSE, SCORCH, MUSTER, TAMERS, SHARE, SLEEP, SKIKING, APPALLED, SUITE, HINGE, KEEN, BEN, RELINQUISH, MELT, TRICKLE, TOWN, RETALIATION, UNSETTLING

Krzyżówka do słówek z rozdziałów 5 i 6.

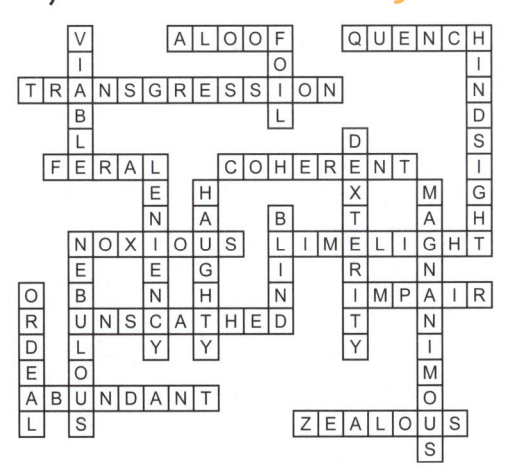

VILE, ALOOF, QUENCH, TRANSGRESSION, FERAL, COHERENT, DIXBT, NOXIOUS, LIMELIGHT, ORDEAL, UNSCATHED, IMPAIR, ABUNDANT, ZEALOUS

Krzyżówka do słówek z rozdziałów 7 i 8.

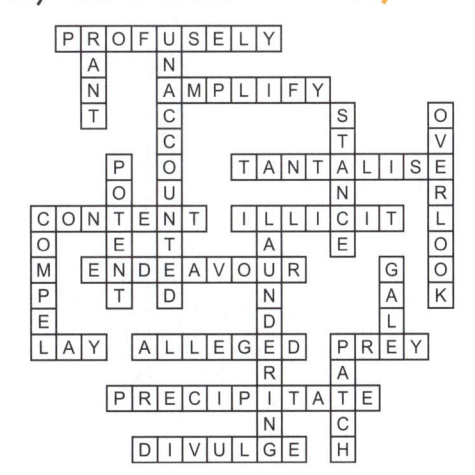

PROFUSELY, ANT, AMPLIFY, STAN, OVERLOOK, POUT, TANTALISE, CONTENT, ILLICIT, COMPEL, ENDEAVOUR, GAL, LAY, ALLEGED, PREY, PRECIPITATE, DIVULGE

Krzyżówka do słówek z rozdziałów 9 i 10.

Krzyżówka do słówek z rozdziału 11.

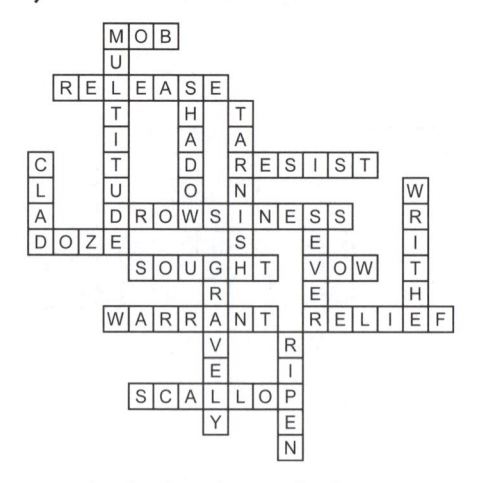

Krzyżówka do słówek z rozdziałów 12 i 13.

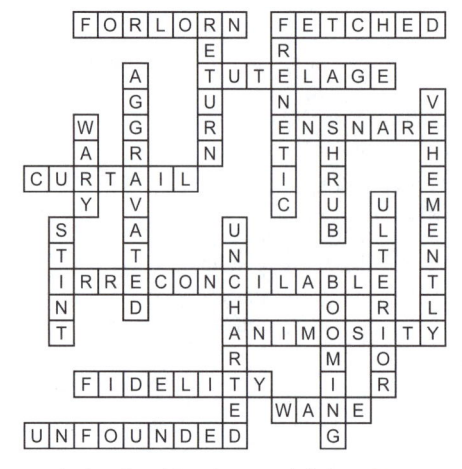

Krzyżówka do słówek z rozdziałów 14 i 15.

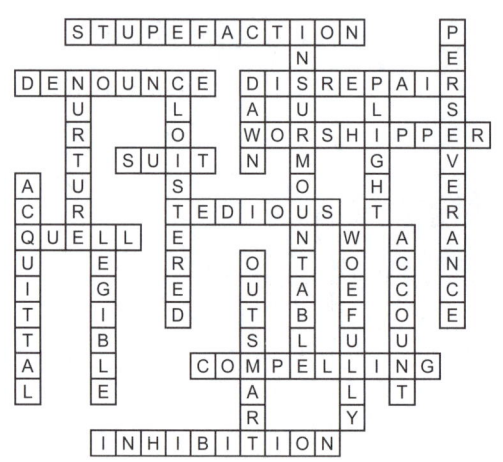

Krzyżówka do słówek z rozdziału 16.

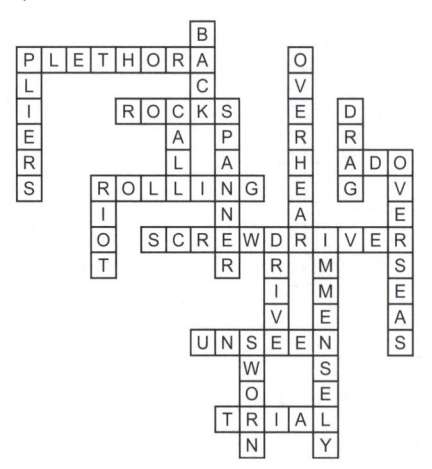

Krzyżówka do słówek z rozdziału 17.

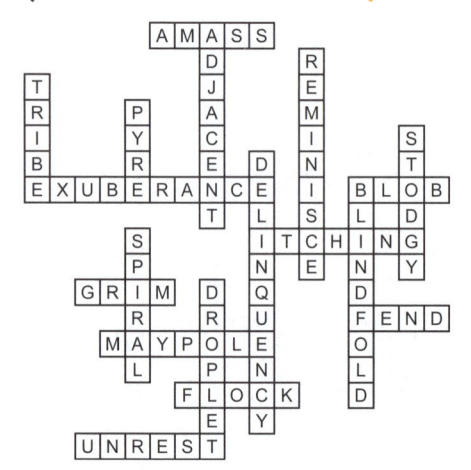

Krzyżówka do słówek z rozdziałów 18 i 19.

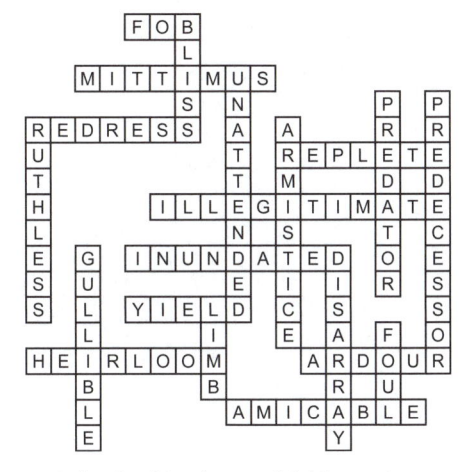

Krzyżówka do słówek z rozdziałów 20 i 21.

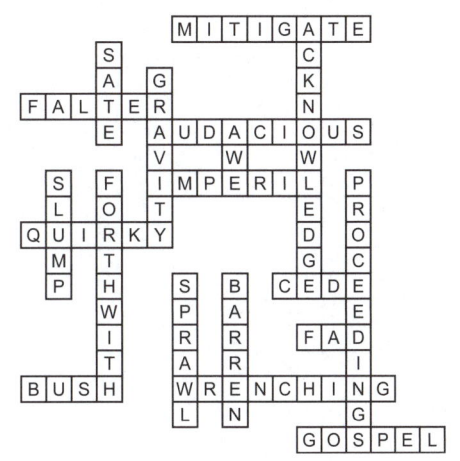

Krzyżówka do słówek z rozdziałów 22 i 23.

Krzyżówka do słówek z rozdziału 24.

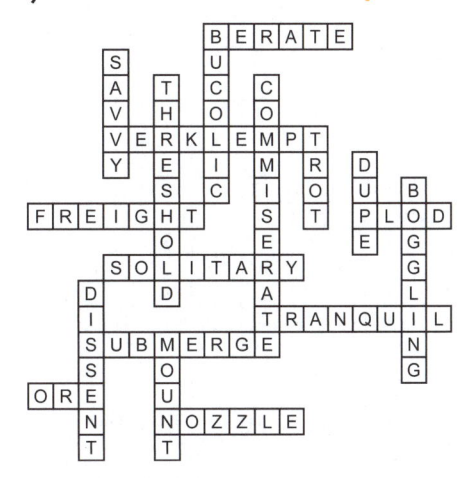

Krzyżówka do słówek z rozdziałów 25 i 26.

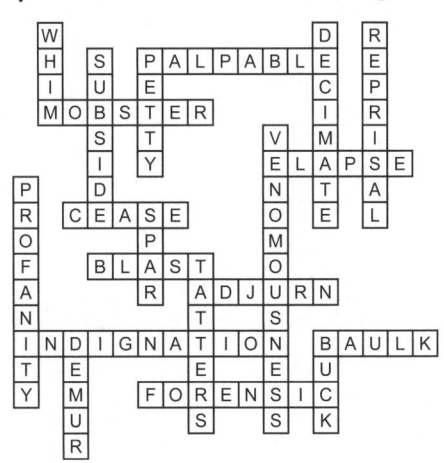

Krzyżówka do słówek z rozdziałów 27 i 28.

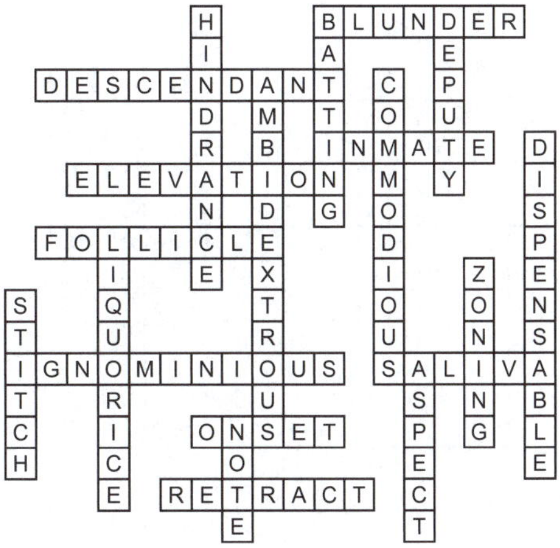

Krzyżówka do słówek z rozdziału 29.

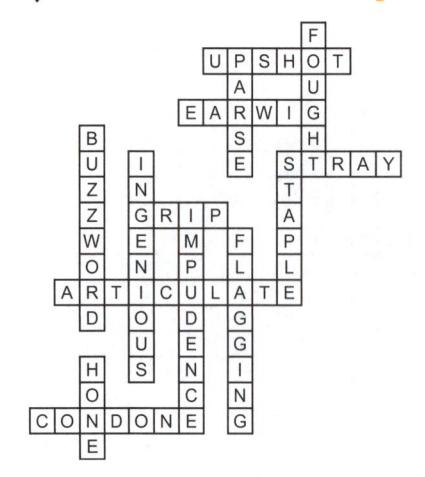

Krzyżówka do słówek z rozdziału 30.

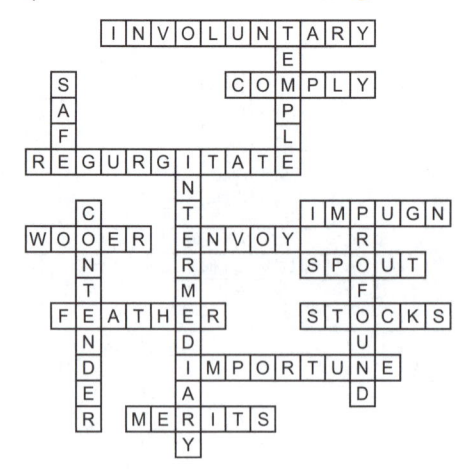

Krzyżówka do słówek z rozdziału 31.

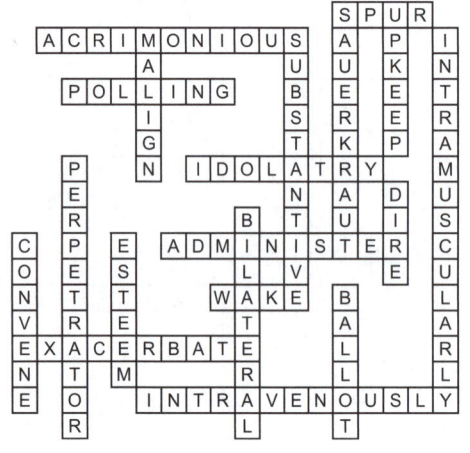

Krzyżówka do słówek z rozdziału 32.

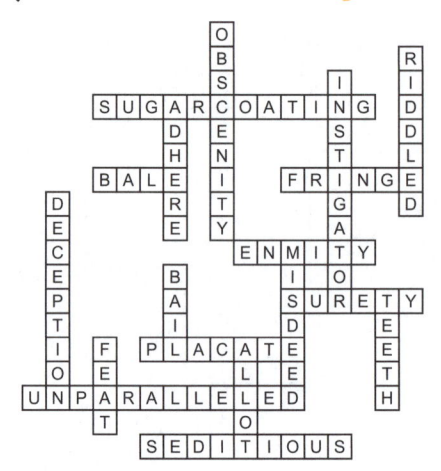

Krzyżówka do słówek z rozdziałów 33 i 34.

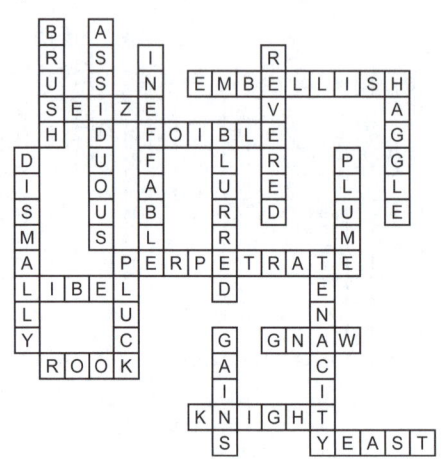

Krzyżówka do słówek z rozdziału 35.

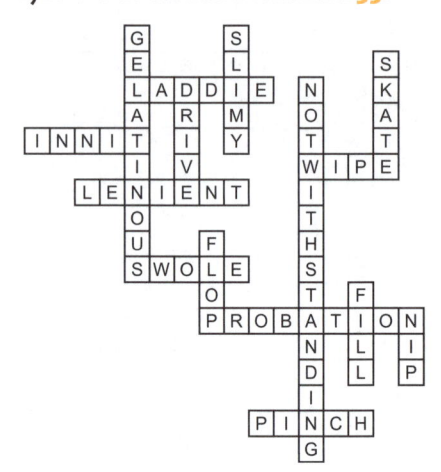

Angielski. Konwersacje dla zaawansowanych C1-C2

Słuchaj, ćwicz i rozmawiaj!

Guys, get your skates on!

Hello, tu Preston! Zależy Ci na tym, żeby brzmieć jak native speaker? A może masz bogaty zasób słownictwa, ale chcesz **mówić jeszcze płynniej**?

Angielski. Konwersacje dla zaawansowanych C1-C2 to trzecia część serii, dzięki której **rozgadasz się po angielsku** na każdy temat – o życiu jak w Madrycie, nowym laptopie, sąsiadach, a nawet o... rachunku za gaz i skoku ze spadochronem!

Nasza książka to:

- **120 codziennych konwersacji** w różnych sytuacjach ze wskazówkami,
- **ponad 1000 przydatnych słów i konstrukcji** na poziomie zaawansowanym,
- **zestawy ciekawych pytań i tematów** do prowadzenia rozmowy,
- **nagrania MP3 w dwóch wersjach**: (A) z zakłóceniami, (B) bez zakłóceń,
- **praktyczny kurs angielskiego** dla tych, którzy chcą doskonalić swoje umiejętności językowe.

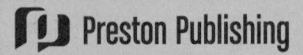

Chop-chop!

Porady dotyczące gramatyki, wymowy i innych zagadnień językowych

Nagrania MP3 w wersji z zakłóceniami i bez nich

Pytania i odpowiedzi sprawdzające rozumienie tekstu

120 różnych dialogów wraz z nagraniami

Pytania zachęcające do dyskusji

+ KURS AUDIO DO POBRANIA

Mów po angielsku naturalnie i bez zająknięcia.

Rozgadaj się razem z Prestonem!

Preston Publishing

Angielski. Mapy językowe (A2-C1)

Ucz się angielskiego słownictwa nieszablonowo!

Czy wiesz, że nasz mózg nie zapamiętuje słów linearnie, a poprzez skojarzenia? Oto książka, z którą wykorzystasz tę wiedzę w praktyce.

Dzięki pozycji „Angielski. Mapy językowe":

- opanujesz słówka zebrane w 13 blokach tematycznych, zawierających niemal 70 map językowych, stworzonych na bazie skojarzeń,
- poszerzysz swój zasób angielskiego słownictwa o ciekawe zwroty i kolokacje,
- poznasz wiele ciekawostek dotyczących kultury czy wymowy,
- zwrócisz uwagę na podchwytliwe zagadnienia wyróżnione w praktycznych wskazówkach gramatycznych,
- nauczysz się poprawnie używać wielu słów i wyrażeń.

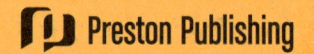

MAPY JĘZYKOWE Z DZIESIĄTKAMI HASEŁ I SKOJARZEŃ

Praktyczne ciekawostki

NOWATORSKIE ĆWICZENIA BAZUJĄCE M.IN. NA ILUSTRACJACH, KOLOKACJACH, SŁOWOTWÓRSTWIE I HOMOFONACH

ARTYSTYCZNE ILUSTRACJE UŁATWIAJĄCE ZAPAMIĘTYWANIE SŁÓW I WYRAŻEŃ

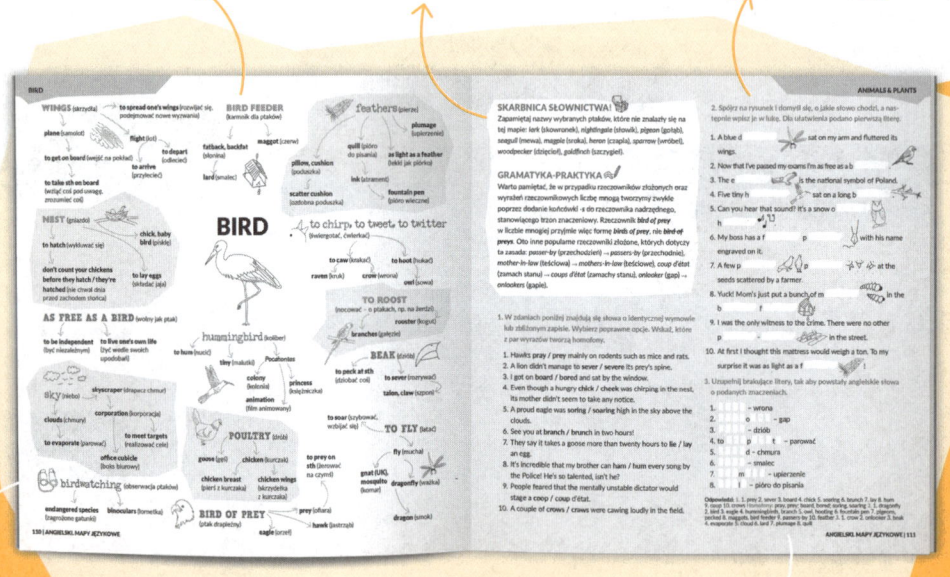

ODPOWIEDZI UMIESZCZONE NA TEJ SAMEJ STRONIE CO ĆWICZENIA

Wypróbuj tę skuteczną metodę nauki, twórz własne mapy językowe i... myśl po angielsku!